東国の埴輪と古墳時代後期の社会

杉山晋作

Sugiyama Shinsaku

六一書房

はしがき

大型前方後円墳が出現していたとされる三世紀後半には早くも古墳に埴輪が樹立された。そして、前方後円墳の造営が終焉を迎える六世紀末あるいは七世紀初めまで、埴輪は樹立され続けた。まさに、埴輪は前方後円墳と命運をともにしたのである。

しかし、埴輪は日本列島各地のすべての時期にすべての古墳に樹立されたのではない。埴輪を重視せず採用しなかった地域があれば、早い時期に埴輪樹立の風習を停止したあるいは一部の有力者層の古墳にのみ埴輪樹立を残した地域もある。一方で、古墳時代後期に前方後円墳を多数造営し、かつ、埴輪樹立を流行させた地域があった。それが関東地域であり、本書はその関東地域の六世紀の埴輪に関する課題を検討することとした。

まとめる契機となったのは、千葉県山武郡・姫塚古墳に樹立された形象埴輪の復元作業であった。今までに類例のない形式の形象埴輪が確認されたりして、埴輪製作集団の系統を問わねばならないこととなり、彼らを招聘した当該地域の首長層の性格を再検討する段階に至った。もちろん、先行研究の成果を応用すると解明できるというのが、埴輪研究に限らず考古学研究の姿勢ではある。しかし、それでもなお従来の見解を踏襲するだけでは理解できない事例が続出した。その時、対象資料をよく観察して新たな視点を見いだすという原則に立ち戻ることの重要性を痛感した。

資料観察の過程で、当然だと認識されていた手法とは逆の痕跡を残す事例に遭遇したこともあるので、関東の埴輪を再考する出発点として、ここに現在での認識を記録しておくこととした。ただし、あくまでも人物像を中心にした姫塚古墳の形象埴輪を理解する範囲に絞ったため、旧稿をさほど修正せずに再録した部分が多い。一方で、本書では、最近の研究が目指す方向とは少し違った角度から見ることも試みた。

古墳時代の人々が何を考えて、如何に動き、どのように埴輪を作って古墳に並べたのかという根幹の課題を忘れずにいたいと考えたからである。明らかにできない点や自戒すべき点は謙虚に再考して、別稿で改める予定でいる。

目　次

第一章　形象埴輪の型式と形式

第一節　人物埴輪の型式

一

最近の埴輪研究では、円筒埴輪だけでなく、形象埴輪の型式・形式論が盛んになってきた。形式を論ずる前に型式を認識しなければならないが、その型式の認識はまず埴輪が持つ諸属性を分析することから始まる。以下に、九十九里地域の人物埴輪を例にして型式抽出を行う。

九十九里地域における六基の古墳出土の人物埴輪を例にして、身体各部の表現法に見られる共通点や相異点を検討した結果、各古墳出土の代表的な平装の男子像・女子像が二つのタイプに集約されることを確認した。当地域の特色となる埴輪の一つは（Aタイプと仮称）小川台五号墳①・殿部田一号墳②・木戸前一号墳③出土の人物埴輪であり、もう一つは（Bタイプと仮称）殿塚古墳④・姫塚古墳⑤・経僧塚古墳⑥出土の人物埴輪である。当地域では、さらに一本松古墳⑦・宝馬古墳群⑧・埴谷古墳群⑨からこの両タイプに属さない埴輪も出土しているが、他地域に見る製作技法によるものがあるためここでは除外した。このタイプを型式とすることも可能であるが、後述するように造形者集団内の構成変化を考慮に入れなければならないので、とりあえず古墳における埴輪群像の二相としておく。

今回、人物埴輪の二つのタイプを確認するために観察した身体各部は、男子像・女子像に共通する耳および耳環・目・鼻・口・腕・手・襟・衣裾・基台のほか、男子像では頭髪またはかぶりもの・美豆良・鬚・脚・足（沓）があり、女子像では髷・裳裾・乳房がある。

次に、各古墳の人物埴輪を男子像と女子像に分け、表現法を中心とした身体各部におけるＡ・Ｂ両タイプの特徴を示す。なお、本稿は小林行雄による木戸前像・姫塚像の作風理解[10]を基礎としており、身体各部の表現法の分類はそのまま引用して特に説明を省略したものがある。しかし、埴輪の時期の推定には相異がある。

二

(一) 女子像 (写真１・２)

当地域の女子像は、特殊な人物を除き、すべて半身像と考えてよい。

髷――Ａタイプの髷は、小川台五号墳例・木戸前一号墳例に見られるところの平面形が長方形の扁平な粘土板を頭頂部に水平に貼り付けた形態をとる (写真１の１)。長方形と言っても、中央部がややくびれる一種のバチ形と述べたほうが正しく、水平に貼り付けられても頭の左右や前後にやや垂れ下がっている (写真１の２・３)。髷がくびれた位置即ち両耳の上で髪を束ねる紐の表現は、扁平な板を立てて記述できる程の高い粘土紐を貼り付けている。殿部田一号墳例は帽子のようなかぶりものや壺の表現のみで髷の表現はない。一方、Ｂタイプの髷は、平面形によって三種に分けられる。一つは、殿塚古墳例・姫塚古墳例の一部に見られる前円後方形とも言うべき形 (前円後方型と仮称) であり (写真１の10)、一つは経僧塚古墳の一種例[11]に見られる円形 (円型と仮称) であり (写真１の５)、一つは姫塚古墳例の一部・経僧塚古墳の二種例に見られる隅丸方形とも言うべき形 (隅丸方型と仮称) である (写真１の６)。いずれも扁平な粘土板で表現される点は同じであるが、頭部に貼り付ける位置および束髪の紐の表現に差がある。前円後方型の髷は、後頭部へほぼ垂直になる角度で貼り付けられ、束髪の紐は扁平な粘土紐がくびれの位置に貼り付けられている。これに対し、円型の髷は頭頂部に貼り付けられるが、やや前上がりの傾斜を示し、束髪の紐は扁平な粘土紐ながらそ

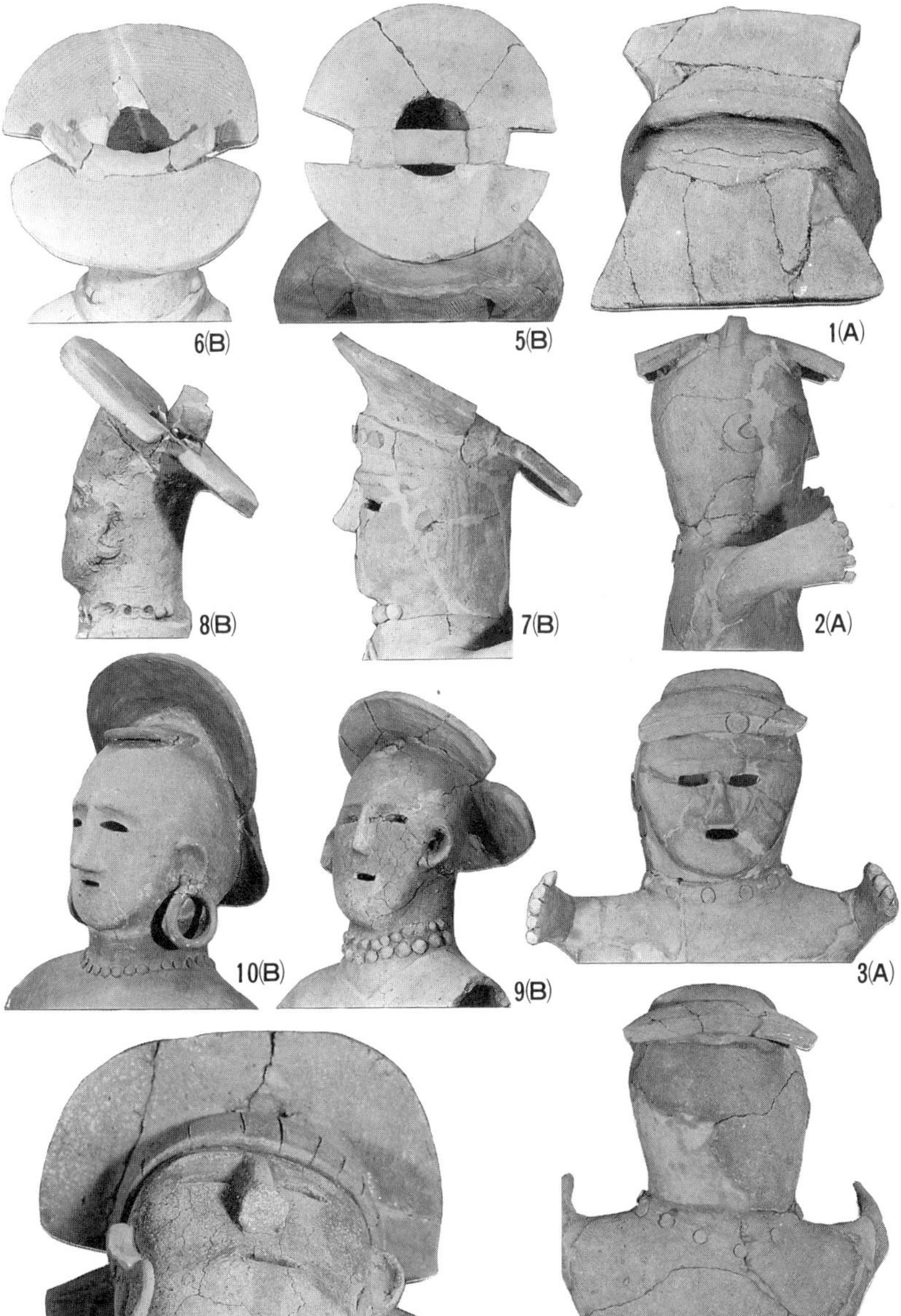

写真1　女子像

の両端に位置する髷の部分に方形の切り込みが施され、束ねられた髪の状態を表現している。また、隅丸方型の髷は、円型髷と同じ傾斜で貼り付けられているが、束髪の紐は頭頂部で結ばれたことを示すように両端が上方に反り髷から離れる如く扁平な粘土紐を貼り付けている。紐の両端に位置する髷の切り込みは三角形を呈する。この円型・隅丸方型の髷は中央部に透孔の穿たれたものがほとんどである。

櫛その他の髪飾り――殿部田一号墳例は髷を表現していないので、髪飾りを見出せないのは当然であるが、Ａタイプの髪飾りは、小川台五号墳例・木戸前一号墳例ともに、扁平な髷の前面に小円板を垂直に貼り付けている（写真１の3）。一方、Ｂタイプの髪飾りは、髷そのものでなく、髷の下即ち額の上部に比較的大型の円状粘土板を水平に貼り付けている（写真1の10）。これは明らかに櫛を表現したものである。

耳および耳環等の耳飾り――Ａタイプでは、小川台五号墳例・殿部田一号墳例・木戸前一号墳例ともに円板または円環状の扁平な粘土板を貼り付け（写真１の2）、その上に重ねて円環状粘土を貼り付けて耳環としている。一方、Ｂタイプでは、Ｃ字形の高さのある外耳を貼り付ける点は各古墳例に共通しているが、殿塚古墳例では耳孔が穿たれておらず、小さな球状の粘土粒を二ないし三個外耳に貼り付けて耳玉を表現しているものがあり（写真１の10）、耳環のないものもある。姫塚古墳例では小孔を穿って耳孔を表現しているが（写真１の9）、経僧塚古墳例には耳孔の表現はなく、耳環が姫塚古墳例と同じく貼り付けられている。

眉――Ａ・Ｂ両タイプを通じて、両眉が一直線になるものがほとんどであり、差異は見られない。しかし、中には殿部田一号墳例のように眉間の位置でとぎれる眉もあり、殿塚古墳例のように離れて彎曲する眉も一部にある（写真1の10）。問題は眉の整形技法にあるようである。

目および口――ともにヘラで切り抜いて表現するもので、工人の手の動きによって大きく変化すると考えられる。目は、Ａ・Ｂ両タイプとも横長の目で、特に杏仁形や木葉形と断言できる表現はないが、Ｂタイプの目はＡタイプの目に比較して細く引目様と呼ばれる目がほとんどである。口も、これと同様の傾向があって、ともに小さいながらもAタイプの口は開いた状態に感じられるのに対し、Bタイプの口は細く小さいものがほとんどである。

鼻――Aタイプの鼻は、三角錐の粘土を貼り付けて表現しており、特に木戸前一号墳例は扁平である（写真1の3）。一方、Bタイプの鼻は、円棒を斜めに切って貼り付けたうえでそれを押えて鼻梁を表現している（写真1の11）。その技法は鼻孔面の形によく残されており、半円形の平面を示すものが多い。

頸飾り――小林行雄の分類にない種々の表現法が見られる。強いて分けるならば、Aタイプの頸飾りは小林分類E型が多く、Bタイプのそれは多様な表現が見られるということであろうか。それよりも基本的な問題で、頸飾りが背面まで表現されているのは、木戸前一号墳例の一部（写真1の4）と殿部田一号墳例（不明確であるが）のみで、A・B両タイプを通じて前面のみの表現にとどまっていることである（写真1の7・8）。また、玉は、Aタイプが扁平な小円板を帯に貼り付けるのを基調としているのに対し、Bタイプでは球状の玉を帯に貼り付けずにそのまま身体に貼りつける例が多い。

腕――Aタイプの腕は共通して短かく、両腕を前面にさし出す例が多く（写真1の2・3）、まれに殿部田一号墳例のように、右上左後や右前左上の動作を表現するものがある。すべて袖を表現しない。一方、Bタイプの腕は両腰または両脇へ垂らすのが普通であって、筒袖を表現している。

手――Aタイプの手の表現法には二種あり、一つは小川台五号墳例で、親指と密着した四本指になるよう表現し、四本指を表現した円板の端部に線刻を施している。この四本指は短かい。一つは殿部田一号墳例・木戸前一号墳例に見られる指であって、一応、円棒をもって五本指を別々に表現している（写真2の1・2）。この指も、特に木戸前一号墳例では短かいものがある。一方、Bタイプでは、経僧塚古墳の一種例で円棒による五本指の表現を見るが（写真2の3）、姫塚古墳例では方形の粘土板を強くヘラで線刻し、あたかも切り離された如くに四本指を表現するものが

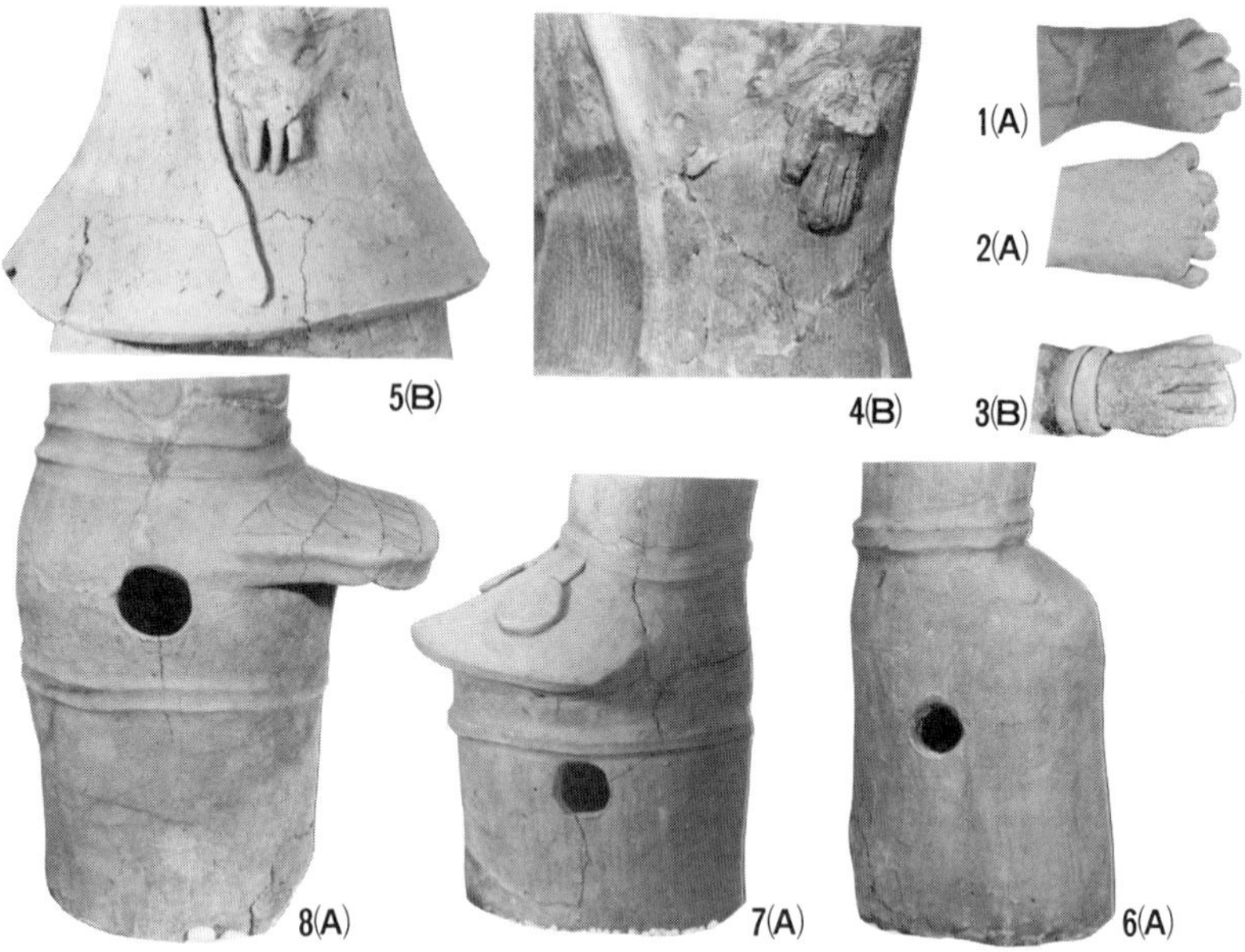

写真２　女子像

ある（写真２の４）。この線刻による指はＡタイプのそれに比較して長い。

胴部――乳房は、Ａ・Ｂ両タイプとも円錐状の粘土を貼り付けたもので、全体像の大小と関連して大きさに差があるが、技法は共通している。ただ、Ａタイプの木戸前一号墳例に小円錐状でなく、小円棒状の表現法をとる乳房がある。胴部におけるＡタイプとＢタイプの相異を示すのは、上衣の襟の重なりであって、Ａタイプでは、襟の重なりを表現した例はない。一方、Ｂタイプではすべて襟の重なりを表現しており、それも二種が認められる。一つは、経僧塚古墳の一種例に見られるところの粘土紐を貼り付けた後、片側をつぶして断面三角形にしたいわゆる段をつけた襟合せの表現法（写真２の５）であり、一つは、経僧塚古墳の二種例に見られるところの粘土紐を貼り付けただけの断面方形のいわゆる紐貼り付けの表現法（写真２の４）をとる例である。また、この二者の中間形態で、粘土紐を断面三角形に充分つぶしていない表現法もある。また、紐の結び目の表現法は、経僧塚古墳例では小林分類Ｃ型に近い表現法をとっており、上下二個所に結び目がある。一方、姫塚古墳例では、小林分類Ｂ型で横８字形の結び目を上部一個所に表現する例がある。襟領は、垂領に近い表現がほとんどである。

裳裾——Ａタイプでは、殿部田一号墳例（写真２の６）のように表現のないものもあるが、小川台五号墳例・木戸前一号墳例では背面を表現しないといわれるいわゆる前掛け状の裳裾を表現している（写真２の７・８）。一方、Ｂタイプでは、背面にも表現のあるいわゆるラッパ状の裾拡がりの円筒形を呈する（写真２の５）。

基台——半身像であるため、脚および足の表現はなく、裳裾から基台が続く。基台は形象部に近い上半部に差が認められ、Ａタイプでは前面にふくらみをもたせたり（写真２の６）、前後に長い断面楕円形の円筒を呈する例がある。一方、Ｂタイプでは、Ａタイプに見られるふくらみもなく、円筒を基調とする台がほとんどである。

(二)　男子像（写真３）

当地域の男子像は、埴輪芸能論[12]に引用されるが如き特殊な例を除くと、全身像がほとんどである。

頭部——Ａタイプでは、小川台五号墳例・殿部田一号墳例・木戸前一号墳例ともに、頂部の頭髪を美豆良とは別板でもって造形しており、耳の上部で左右に反り上がるように振り分け髪を表現している（写真３の１）。一方、Ｂタイプでは頭髪の表現はなく、「かぶり物」を表現することによって頭部としている例が多い（写真３の５）。殿塚古墳例は、三角形の天冠状のかぶりものを前頭部に立てるが、姫塚古墳例・経僧塚古墳例では、三角形状の前立ちに「つば」をつけた帽子状のかぶりものを表現しており、その前立ちを粘土棒の支柱で支えるものと支柱のないものがある（写真３の３・４・５）。

美豆良——Ａタイプの美豆良は、三古墳例に共通して扁平な粘土帯を耳脇に短かく貼り付け、前面へＬ字形に曲げる（写真３の１・２）が、Ｂタイプの美豆良は、円棒を肩まで垂らし先端が両側面（左右）へ反る（写真３の５）表現法をとる。このＢタイプの美豆良についてもう少し詳しく述べると、小林が指摘した如く、頸に密着する美豆良と頸か

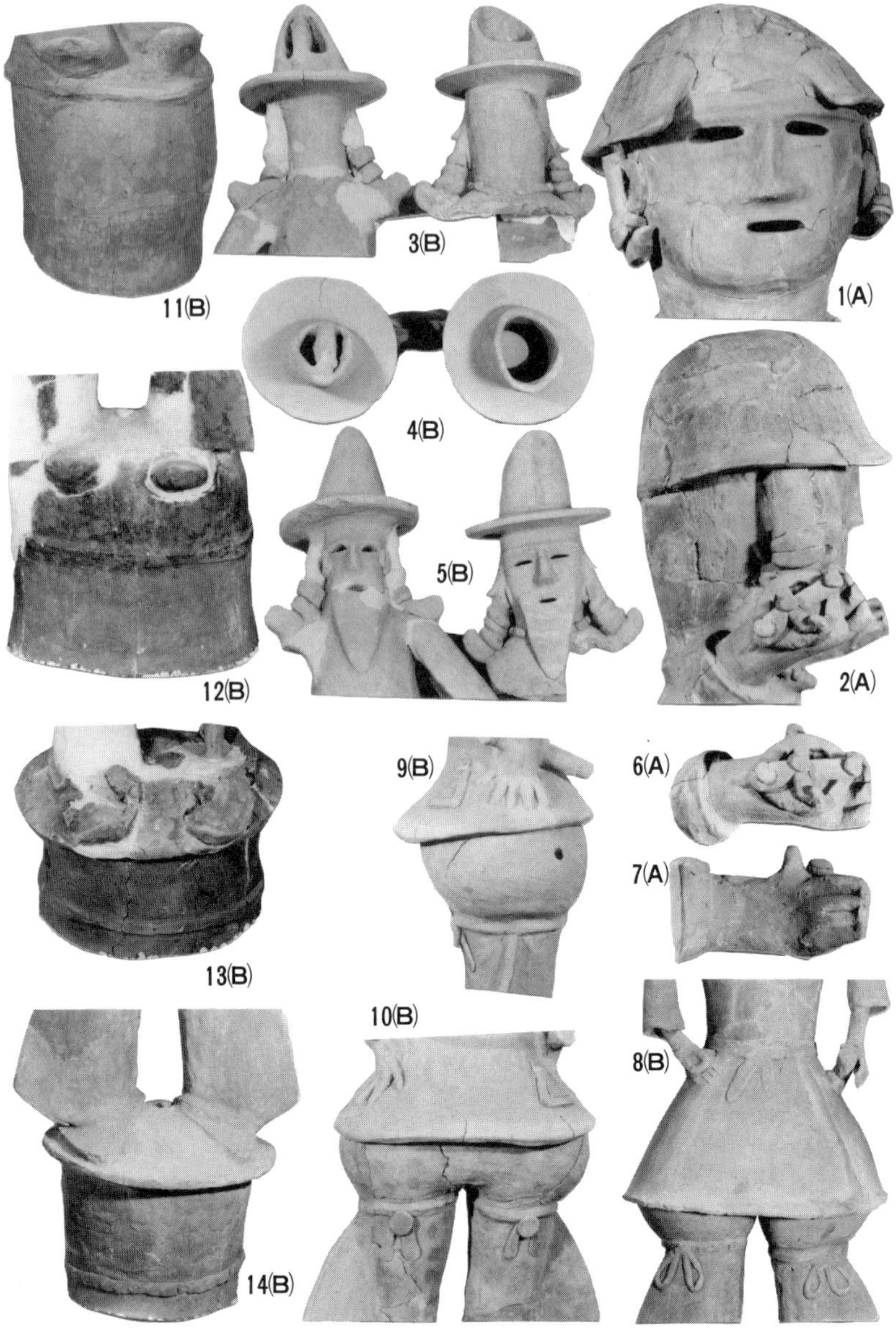

写真3　男子像

ら離れて表現される美豆良がある（写真３の５）。また、美豆良に二条ないし三条に巻きつける粘土紐にも巾広で扁平なものと、巾狭で甲丸のものがあり、粘土棒に凹凸をつけてそれを表現したものもある（写真３の５）。また、滝口宏が指摘したような、美豆良に巻きつけた帯に小孔を一つ穿ったものがあり、付属物が差し込まれ立てられたことを示している。また、美豆良の上部に小さな方形の扁平な粘土板を小突起状に飛び出すように貼り付け、あたかも髪の一部がはね上っているか、美豆良をまとめた紐の結びか、の感を抱かせる例もある（写真３の５の右）。

耳および耳環――Ａ・Ｂ両タイプとも、殿部田一号墳例の扁平な円板状の耳を除いて、耳を的確に表現した例はほとんどない。殿部田一号墳例は女子像と同じく耳を表現したものであろう。一方、耳環は、美豆良と顔面に挟まれるように、円環状の粘土を貼りつけるのが通例であって、Ａ・Ｂ両タイプとも差はない。

眉――Ａ・Ｂ両タイプの眉ともに直線的であり、眉間の位置で離れる表現法もＡ・Ｂ両タイプに存在する。やや彎曲する眉は女子像と同じく殿塚古墳例に見られる。

目および口――女子像と同じく、目はＢタイプで引目様と呼ばれる細い表現が多い。口はＡタイプで開いたり丸味を帯びたりする例が多く、Ｂタイプでは細く小さい例がほとんどである。

鼻――これも女子像と同じく、Ａタイプの鼻は、三角錐の鼻で扁平な例もあるのに対し、Ｂタイプの鼻は、殿塚古墳例・経僧塚古墳の一種例では三角錐に近い形をとり、姫塚古墳・経僧塚古墳の二種例では円棒による鼻を造形する例が多い。

鬚――鬚の表現はＡタイプに存在せず、Ｂタイプの埴輪で表現される。既に述べられた如く、鬚の形もやや丸味を帯びるものと逆三角形に近い表現をとるという例があるほかに、胸から離して内側に頸飾りの表現がある技法（写真３の５の右）と胸に密着する技法（写真３の５の左）の二種が存在する。

頸飾り――Ａタイプでは、Ｅ型の表現法をとる例が多く、Ｂタイプでは表現しないものが多い。また、前面のみの表現にとどまる例が多いのは女子像と同様である。

腕――Aタイプの腕は、短かく前面にさし出す表現法をとり、Bタイプのそれは、両腰へ垂らし筒袖を表現するなど女子像と同様である。

手――これも女子像と同じく、Aタイプでは、親指と密着した四本指を分けて造形し、線刻で四本指を表現した小川台五号墳例や、五本の指を別々に円棒で造形し、密着させた木戸前一号墳例（写真3の7）がある。一方、Bタイプでは、五本の指が別々に表現されるが指間が開き放射線状に拡がる経僧塚古墳の一種例（写真3の9）や、四本指を一枚の長方形の粘土板で造形し線刻によって四本の指に分けた姫塚古墳例（写真3の8）がある。AタイプとBタイプの相異は、指よりも手の甲に貼りつけられた籠手によって明確になる。Aタイプの手の甲は、殿部田一号墳の武人像に見られる手を含めると三古墳のすべてに、丸に十文字即ち円環状粘土に十文字に交差する粘土棒を貼り付けた籠手を着装した例（写真3の6）が見られるのに対し、Bタイプの手の甲には、長方形に粘土棒を貼り付けた籠手（写真3の8）を着装している。

胴部――上衣の襟の重なりなど、胴部に何かの表現を施したものはA・B両タイプともほとんどなく、姫塚古墳例に、断面三角形の襟の重なりを表現している程度であろう。これの胸紐の結び目はC型で上部のみ表現されている。

脚――Aタイプでは、二本脚を脚結の位置から上下別々に分けることなく一体の円筒状に造形され、脚結も結び目を表現することなく、粘土帯の貼付けでもって代用している。一方、Bタイプの脚は、脚結から上部を半球形状にふくらませ、脚結も結び目を表現している。また、褌の裾を外側に張って表現している例はBタイプに見られる。さらに、股が衣裾の内側に隠れる例（写真3の8）と、衣裾の下に見える例（写真3の10）があって、股の造形に差のあることが知られる。

足――Aタイプには足の表現がなく、Bタイプに沓の表現がある。この沓にも、沓先が基台から飛び出て、かつふくらみをもって上方に反る舟形をした写実的表現（写真３の11・12）と、扁平な三角形の板状粘土を基台に貼り付けた簡略表現（写真３の14）がある。

基台――Ａタイプでは、小川台五号墳例のように基台のないものがあり、あっても木戸前一号墳例のように低く断面楕円形を呈する例が多い。Ｂタイプでは円筒や、姫塚古墳例のように断面が長方形に近い楕円を呈する例がある（写真３の12）。

今まで、身体各部毎に述べたＡ・Ｂ両タイプの特徴を総合すると、両タイプの典型的な男女人物像は次の通りである。

（三）女子像

Ａタイプ――髷は、長方形に近い扁平な粘土板を頭頂部へ水平に貼り付け、束髪の紐も高さのある粘土紐でもって表現する。髪飾りは、髷の前面に小円板を垂直に貼り付ける。耳および耳環は、円板をもって外耳としその上に円環の粘土を貼りつけることによって耳環とする。裳裾は背面に表現がなく、前面のみにいわゆる前掛け状の裾を貼りつける。

Ｂタイプ――髷は、前円後方形・円形・隅丸方形の三種の平面形を示す扁平な板をもって表現し、前円後方型の髷は後頭部へ垂直に近い角度で貼りつけられるが、円型・隅丸方型の髷は前上がりの角度でもって貼りつけられる。また後二者は中央部に透孔がある。束髪の紐は扁平な粘土帯で表現されるが、円型髪では一枚の細長い板状であるのに対し、隅丸方型髷では頭頂部で結ばれたことを示すように両端がはね上がるように反って貼り付けられる。また、円型髷には方形の切り込みがあり、隅丸方型髷には逆三角形の切り込みがある。櫛はすべて髷そのものでなく、額の上部へ水平に貼りつけられる。耳は、高さのあるＣ字形の粘土をもって外耳とし、耳孔を穿つものもある。また、小さな球状の粘土粒を外耳に貼り付けて、耳玉としている例もある。裳裾はいわゆるラッパ状の裾拡がりの円筒でもって表現する。

(四) 男子像

Aタイプ――頭部は、かぶりものの表現がなく、美豆良とは別の粘土板でもって頭髪を表現する。美豆良は扁平な粘土帯を耳脇に短かく貼り付け、前面へL字形に曲げる。中にはT字形に近い例もある。耳環は美豆良の内側へ円環状粘土を挟み込む。鬚の表現はない。手の甲には、丸に十字形の籠手を貼り付ける例が多い。脚は脚結の上下を分けて造形することなく一本の円筒形を呈する。沓の表現はない。

Bタイプ――頭髪の表現はなく、かぶり物でもって頭部となす。かぶりものは三角形の天冠を示している例もあるが、多くは三角形の前立ちにつばをつけた帽子状を呈し、前立ちを背面から支柱でもって支えるものと支柱のない例に分かれる。美豆良は棒状粘土を肩まで垂らし先端が左右へ反る。また、頸に密着する美豆良と離れる美豆良があり、美豆良に巻く帯も扁平なものと甲丸のものと美豆良に凹凸をつけただけのものがある。鬚は頸に密着するものと離れるものがある。手の甲に貼り付けられる籠手は粘土紐を長方形に配したものが多い。脚は脚結の上下を分けて造形し、上半部は半球形状を呈する。下半部は褌の裾を左右に張り出したように三角形の扁平な粘土板を貼り付ける。股が衣裾の内側に隠れる表現と、衣裾の下に見える表現がある。沓の表現があり、基台から前面へ出るようにふくらみのある前上りの舟形の沓と、基台に密着して貼りつけられた三角形板の沓がある。

(五) 女子像・男子像に共通する身体各部

Aタイプ――目は扁平な横長であるがやや丸味のある例もある。口も同様で丸味を帯びるか開いた状態を呈する。鼻は三角錐であるが、極端に扁平な表現もある。頸飾りは粘土紐の上に扁平な円板を粘り付ける例が多い。腕は短かい棒状で前面にさし出す例が多い。袖の表現はない。手は五本の指をそれぞれ棒状粘土で造形する例が多く、四本指を密着して表現する。一個の楕円板で五本指を表現する場合は端部に線刻を施す。上衣を表現する例はなく、彩色による赤帯程度である。基台は低いものが多い。

Ｂタイプ――目は引目様と呼ばれる程度に細く、口も同様に細くて小さいものが多い。鼻は円棒を斜めに切って貼り付け造形したものが多く、いわゆる下総型埴輪の技法に近い。頸飾りは、球状の粘土を頸に直接貼りつける例が多い。腕は両腰または両脇に垂らし筒袖を表現する。手は、五本の指を別々の棒状粘土で造形する例もあるが、腰に貼り付けられた指は指間が開き放射線状に拡がるものがある。一方、四本をまとめて一個の粘土板で表現する場合は、長方形に近い扁平な粘土板を用いて線刻を施す。指はＡタイプに比較して長い感じとなる。上衣を表現する例が多く、ほとんど垂領に近い襟である。襟の重なりは、貼り付けた粘土紐を断面三角形につぶして段をつけた例と、粘土紐を貼り付けただけの例がある。胸紐の結び目はＣ型が多く、上下二個所に表現する例と上部一個所のみの表現例がある。基台は高い円筒を基調とするが、横断面が長方形に近い楕円を呈する例もある。

三

以上に述べたところの山武地域独特の作風とも言える二つのタイプの埴輪について、まず問題とされるのはその製作された時期であろう。現段階では、埴輪自体から時期を推定できる要素は見出し難く、それが樹立された古墳の時期を推定することによって間接的に埴輪製作の時期を求めるのも一つの方法である。ただしその方法は、埴輪の樹立が古墳の築造時あるいは葬送時に行われ、埴輪もその時期と隔たりのない期間内に製作されたという前提があって是認されるものである。この前提は、成田市公津原古墳群[13]の調査によって確認された埴輪の生産と供給関係を引用して是としておきたい。即ち、船塚古墳に樹立された埴輪は51―001窯で焼成されたものであり、古墳一基に対する窯一基の需給関係が認められるという見解が出されている。これは、山武地域に隣接する印旛地域では埴輪製作が集中的な大量生産方式でなかったことを示しており、山武地域でも同様の傾向にあったと考えてよい事実と言えよう。さて、では山武地域で埴輪を樹立する古墳の時期であるが、Ａタイプの埴輪を樹立する古墳の中で報告がなされた小川台五号墳は、後円部の墳頂に埋葬施設を有する前方後円墳で、木棺を直葬したと見られる土壙内に直刀・刀子・鉄鏃・メノウ製勾玉・ガラス玉のほか鐙と報告された鉄製品があった。殿部田一号墳は、多くのトレンチを設定したにもかかわらず埋葬施設を検出できなかったとされ、少なくとも石材を使用した埋葬施設でなかったことは明らかである。また、木戸前一号墳は、後円部墳頂に凝灰砂岩の切石で構築された石棺を埋葬施設とする前方後円墳で、直刀片・刀子・鉄鏃・耳環・ガラス玉を副葬していた。

一方、Ｂタイプの埴輪を樹立する前方後円墳の殿塚古墳は、後円部中段に構築された横穴式石室を埋葬施設とし、勾玉・ガラス玉・コハク玉・耳環・金銅鈴・銅鋺・頭椎大刀・直刀・刀子・鉄鏃のほか鞍金具などの馬具が検出された。また、隣接する前方後円墳の姫塚古墳は、前方部のくびれに近く構築された横穴式石室を埋葬施設とし、メノウ製勾玉・水晶切子玉・ガラス玉・耳環・金銅装大刀・刀子のほか雲珠・杏葉などの馬具や長頸壺・高坏・坏などの須恵器・土師器が検出された。経僧塚古墳は、円墳であるが二重周溝を有し、片岩を使用した横穴式石室と箱式石棺の二つの埋葬施設を構築している。横穴式石室からはガラス玉・コハク玉・直刀・刀子・馬具が、箱式石棺からは、ガラス玉・圭頭大刀・直刀・刀子・鉄鏃・耳環のほか金銅鈴が出土している。これらの古墳の副葬品は未報告のため検討できないが、埋葬施設の種類やその構造はＡ・Ｂ両タイプの埴輪のどちらを樹立したかで、明確に分かれている。特にＢタイプの埴輪を樹立した古墳は、石材を用いた埋葬施設の構築が行われており、副葬品（第１図）の年代観を加えると、Ｂタイプの埴輪出土古墳の時期は六世紀の第四の四半紀を中心とするものであると想定できる。Ａタイプの埴輪出土古墳の埋葬施設はそれより古くから採用されていたものを引き継いでいるとみてよいので、それらの年代はＢタイプの埴輪出土古墳の時期より古く、六世紀の第三の四半紀を中心とするものとみることができよう。つまり、

Ａ・Ｂ両タイプの埴輪に相異が生じた一因を埴輪製作の時期差に求めることも可能であろう。

次に埴輪製作集団の問題に触れねばならないが、古墳に樹立された円筒埴輪・形象埴輪のうち人物埴輪のみをとりあげて埴輪製作集団を論じるのは控えたほうがよい。ただ、Ａ・Ｂ両タイプの埴輪は、身体各部の基本的な造形技法がそれぞれ独自の作風を有しており、それが埴輪製作集団の特徴として理解され得ることは前述したとおりである。Ａ・Ｂ両タイプの中にあって、なお、細部の表現が異なるためにさらに細分される現象は、それぞれのタイプに属する埴輪の製作が二ないし三の集団によって製作されたことを示していると考えるよりも、一つの集団に属する造形者の相異によるものと考えるほうが妥当である点は、既に小林が説いている。例えば、姫塚古墳や経僧塚古墳に樹立された人物埴輪が、基本的な造形技法や表現法で同じＢタイプに属しながら、さらに二種ないしそれ以上に分けられる事実は、造形者（作者）の違いを考えることによって理解できるのであり、一人の造形者によるすべての埴輪の製作時における動きの差、あるいは、二つ以上の集団による製作を考えるより妥当であると言えよう。それは、一基の古墳において樹立される埴輪が数十本程度までであり、かつ、当地域において埴輪を樹立する古墳は現在で三〇基程度しか確認されていないという事実によっても裏付けられるところであろう[14]。仮に、当地域においてＡ・Ｂ両タイプの埴輪を有する古墳が倍数確認されたとしても一つのタイプの埴輪製作集団が供給した古墳は三〇基程度にとどまり、それの生産回数が年一回のみであったとしても、その埴輪製作集団の活動期間は三〇年とな

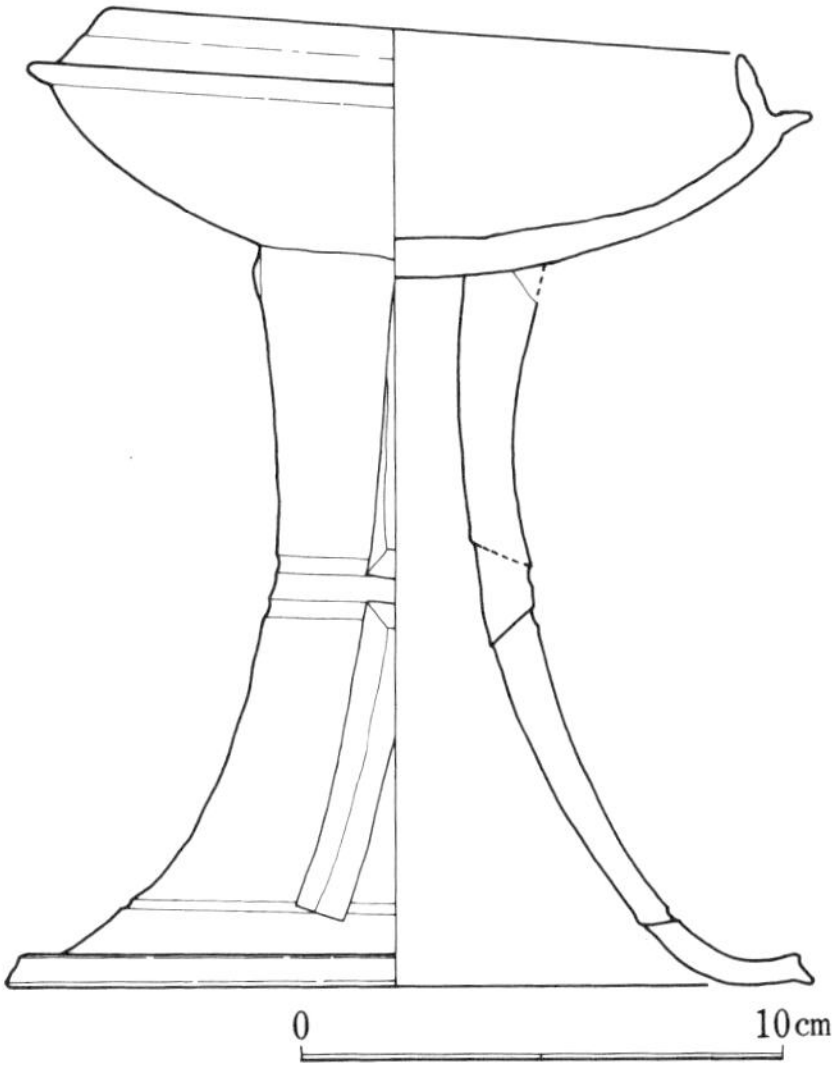

第１図　姫塚古墳出土須恵器

る。ましてや、年間の生産回数が多かったり、埴輪製作集団数が多かった場合には、一つのタイプの埴輪の存続期間は、単純計算では短かくなる。ここでは、成田市公津原51―001窯の存在とその見解を考慮し、埴輪製作は古墳の築造時あるいは葬送時に行われたものと理解しておきたい。即ち一つのタイプの埴輪製作は、一つの製作集団によるものと考えるものであって、その一つの埴輪製作集団に属する造形者の相異あるいは交替によって同じタイプでありながらさらに表現の異なった人物埴輪が出現すると理解している。ここに述べた造形者の相異は、半身像あるいは全身像全体の製作者としてではなく、顔など身体各部の検討によった造形者の相異を指しているのであって、一つの人物埴輪の製作が一人の造形者によるのか複数の造形者たちによるのかは別問題である。

Ａ・Ｂ両タイプの埴輪が、それぞれ一つの埴輪製作集団の生産によるとする考えを妥当としても、なお、両集団は時期が異なるけれども同じ系譜上に連なるものであるか、あるいは時期も集団の系譜も異なるものであるのかは明らかでない。それは、両タイプの埴輪の分布が当地域に混在せず、偏りを見せているからである（第２図）。当地域を東北地区と西南地区に二分すれば、Ａタイプの埴輪を樹立する小川台五号墳・殿部田一号墳・木戸前一号墳は東北地区に存在し、Ｂタイプのそれは西南地区に存在する形となる。これは、あたかもＡタイプの埴輪は東北地区を、Ｂタイプの埴輪は西南地区を中心として採用圏が形成されていたかの如くに見受けられる。河川流域では、Ａタイプの埴輪は栗山川とその支流の高谷川流域に、Ｂタイプのそれは木戸川と境川流域に分布しているが、河川流域毎に埴輪採用圏を分けることはできない。それは、Ｂタイプの埴輪を有する殿塚古墳・姫塚古墳が位置する木戸川流域に同じく存在する木戸前一号墳がＡタイプの埴輪を有しているからである。また、この木戸川上流と高谷川に挟まれた台地上には、一本松古墳や宝馬古墳群があって、当地域よりもむしろ城山古墳群例に代表される利根川流域型（下総型）[15]に近い特殊な人物像を出土しており、当地域の埴輪製作の転換に関連する事例として注目される。ここに述べたＡ・Ｂ両タイプの埴輪を有する古墳の分布によって、それぞれが二つの採用圏を形成するように見える現象は、たとえそれが

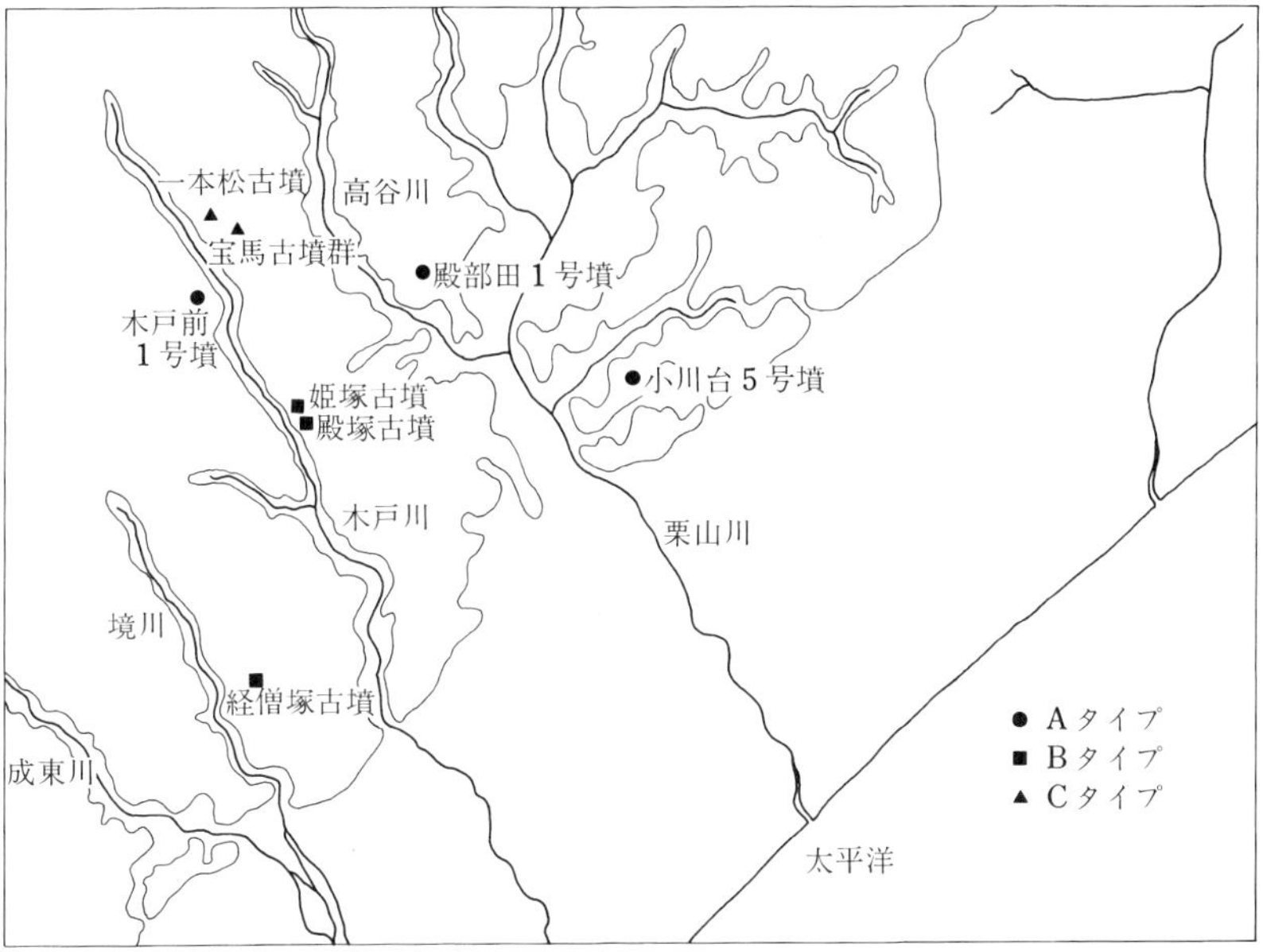

第２図　古墳分布図

異系譜の埴輪製作集団によるものであったとしても、同じ活動時期に存在したと考えられないのは前述したとおりであって、当地域の埴輪は、時期が下降するに伴ないＡタイプからＢタイプへ変化し、採用圏も栗山川流域から木戸川流域へ即ち東北地区から南西地区へ移動すると考えておくのが穏当な理解であろうか。

房総における古墳とくに埋葬施設の変化に呼応するかのように、当地域の人物埴輪もＡタイプからＢタイプへ大きく変化したようである。また、その変化の過程において、現利根川流域を中心に分布する下総型人物埴輪の表現法の一部が導入されていた。一部に省略的・抽象的表現が残る独特の製作法を持っていたＡタイプの埴輪は、全国的規模で転換する社会の動向に合わせて、細部に相異はあるものの関東地方に展開する具象的・写実的な全体像を示すＢタイプ埴輪へと変容したのであろう。それが、埴輪製作集団の交替というダイナミックな歴史事象の転換であったとは考えないほうがよい。一古墳の埴輪群に両者の技法を示すものが比率を変えて存在したことが判明しつつあるので、相互の交流というより、当地域における埴輪製作集団内部の造形者の交替などによる変容が、現象としての両タイプを今日に残したかもしれないからである。

今回の人物埴輪の検討に際して、埴輪の基本的な造形技法は考慮しなかった。整形された埴輪の形態が必ずしも第一次の造形と一致するものでないことは充分認識していたが、特に復元された人物埴輪の観察においては、造形技法をよく残している内面を検討することが困難であったからである。頭部と胴部、胴上半部と胴下半部、脚と基台、腕と肩などの接合技法や、基台・タガの形態および工具の使用法などの円筒埴輪製作との関連性など今後に残した課題は多く、武人像や各種形象埴輪の製作期間・彩色法を加味すると、ここに述べたＡ・Ｂ両タイプの埴輪はさらに細分され、各古墳に共通する埴輪の造形者を特定することによって、短期間に築造された古墳の先後関係を推定することも可能となろう。また、Ｂタイプ埴輪に見られる下総型埴輪製作技法の導入など、現利根川流域を中心に活動した埴輪製作集団との関連など追求すべき課題もある。

註

（1）浜名徳永・神山崇ほか『下総小川台古墳群』一九七五

（2）前註（1）、浜名徳永「小川台五号墳の埴輪について」の中に概略が紹介されている。

（3）坂井利明「千葉県芝山町高田第一号墳発掘調査概報」『塔影』第一集　一九六六

（4）滝口　宏ほか『はにわ』　一九六三

なお、本稿でのＡ・Ｂ両タイプは、この『はにわ』図版解説において提唱されたＡ・Ｂ両タイプとは異なる。

（5）前註（4）

（6）市毛　勲「千葉県山武郡成東町経僧塚古墳の調査」『史観』83　一九七一

（7）前註（4）

（8）前註（4）
（9）川戸　彰「千葉県山武町埴谷古墳群調査既報」『上代文化』27輯　一九五七
（10）小林行雄『埴輪』　一九七四
（11）経僧塚古墳の平装の人物埴輪は、男子像・女子像ともに明確に二種に分けられ、焼成も異なっているものがほとんどである。
（12）水野正好「埴輪芸能論」『古代の日本２』　一九七一
（13）『公津原』千葉県企業庁　一九七五
（14）前註（2）および（1）の付図による。
（15）轟俊二郎『埴輪研究』第一冊　一九七三。下総地域の人物埴輪に関する研究もある。

第二節　人物埴輪の形式

前節で例示したタイプは、型式の一つと理解することが可能である。そもそも、型式分類とは目的とする歴史事象を解明するために用いられるものであって、その方法つまりどの資料属性の組み合わせをもって分類するかについては複数の組み合わせがあってもよく、そのうちの一つだけが正しいとは言えないことに留意しておかねばならない。また、同じ種類の資料群を用いても、明らかにしようとする歴史事象の内容が異なる場合には、使用する属性を違えることも充分あり得る。

埴輪とくに人物埴輪における型式の差とは、一つの地域内での埴輪製作集団の相異を表している場合があり、同一集団内の作業グループの相異を表している場合もある。さらには、同一作業グループ内の造形者の相異を示す場合もあり、より詳細な型式差を抽出できれば一人の造形者が活動した期間内の作品差を示せる場合も出てこよう。問題は、何を意図して型式分類をするかという研究者の視点である。一言で型式とは言っても、意味する点が多様であることに注意しておきたい。

次の形式分類とは、人物埴輪では、基本から始めるとすれば男女の別をまず分けることである。中には、後述するように男女の特徴が混在する人物像もあるが、それらを例外としても、判断基準に段階があることを承知しておかねばならない。まずは、肉体的特徴の表現による区別を第一とし、髪形や服装による区別は第二として、男女の性差を識別する必要がある。『記紀』に記されていることをもって判断するのは、あくまでも考古資料としての判別の後に行う比較段階であるべきであろう。そして次には、男女各々がどの種の人物であるのかを分けるのも、形式分類の一つである。

近年、従来はあまり詳細に検討されてこなかったとして塚田良道が人物埴輪全体の姿を分類し[1]、それらの配置状況を分析して以来、日高慎による方法論への疑問[2]が提出され、議論[3]が展開された。車崎正彦も人物埴輪を分類し[4]、井上裕一も議論に加わった[5]。今、ここでその詳細を論じることは避け、別稿に譲るが、分類された人物像は先学の識別とそれほど異なっていないという感じを受ける。

そして、次には人物像を群として把握する方向へ向かうのであるが、その段階の把握は時間の観念を抜いた様式論に入ったと、理解すべきであろう。塚田は、基本的には人物群像の配置に五つのゾーンがあって、二つの区の場面であると理解した。これは、解釈の段階であり、それらの意義まで論じると歴史叙述の段階に入る。井上も、分類に属性要素を提示している。しかし、個々の古墳においては、欠如する人物像分類があるという。それらを如何に理解すべきであるかは、もう一度、古墳における樹立状況から検討し直さなければならないであろう。塚田良道がかつて指摘した事例のように[6]、人物像の持ち物から人物の性格を見直すなどでもって人物像を細分類することが要求されてきている。若狭徹は、古墳に並ぶ人物群像の正確な樹立位置把握から各人物像の性格を位置付けようと試みた[7]。それぞれにグループ分けした人物群像の大枠は変わらないであろう。問題は、それが全国一律に適用して解釈できるかどうかである。各古墳における人物群像の意味するところは、個々の古墳における樹立状況と各人物の詳細な性格を把握してこそ解釈できるのであり、ましてや、特殊な人物像が登場したり、限定された数の人物像しか並ばない事例が見られる関東の古墳時代後期の古墳においては、とくに注意を要する。各々の古墳の造営に際して製作樹立された形象埴輪群像は、古墳被葬者より上位の階層からの指示あるいは埴輪製作集団の造形者の主体的創作によったのではなく、古墳被葬者あるいは残された一族の意図的な発注によったはずである。古墳は、当時の社会での位置付けがあったけれども、第一には古墳被葬者のあるいは残された一族のために造営されたことを忘れてはならない。

註

（1）塚田良道「人物はにわの形式分類」『考古学雑誌』第81巻第３号　一九九六
（2）日高　慎「形象埴輪の意義追求をめぐる方法論課題について―塚田良道氏の研究手法をめぐって―」『埴輪研究会誌』第６号　二〇〇二
（3）塚田良道「人物埴輪の形式学」『古代学研究』第163号　二〇〇三
日高　慎「『人物埴輪の形式学』について」『古代学研究』第164号　二〇〇四
（4）車崎正彦「第４章　人物埴輪・動物埴輪」『考古学資料大観　４　弥生・古墳時代　埴輪』二〇〇四　小学館
（5）井上裕一「人物埴輪の構造と主題（Ⅰ）」『古代』第116号　二〇〇四
井上裕一「人物埴輪の構造と主題（Ⅱ）」『古代』第118号　二〇〇五
（6）塚田良道「麈尾について」『埴輪研究会誌』第１号　一九九五
（7）若狭　徹ほか『はにわ群像を読み解く』二〇〇〇　かみつけの里博物館

第二章　形象埴輪が語る古墳時代の習俗

第一節　特殊な馬埴輪と横坐り乗馬

はじめに

馬具が発見されて日本列島で乗馬の風習が普及したと判るのは五世紀からのことである。(1) 倭の五王の遣使に象徴される対外交渉により、馬具だけでなくそれを装備した馬がおそらく導入されたことで、倭の交通手段が一つ増えたのであろう。しかし、日本列島における馬具導入期の古墳から発見される馬具は金銀装の豪華絢爛たるものが多く、馬は一部の上層階級が独占する特殊な乗り物であったと考えられてきた。簡素な馬具が普及した六世紀においても、とくに飾り馬は交通や輸送という実用の手段としてよりも儀式に用いた特別な権威の象徴であったとされる。それゆえ、金銀装の馬具を装備した飾り馬は首長など特別な地位にある人物達に属したものと考えられている。ところで、飾り馬を保有する彼ら首長層は男性だけで占められていたのであろうか。四世紀代の前方後円墳である熊本県宇土市向野田古墳(2)では中心埋葬施設に武器をもつ女性が葬られた例を認めるから、早くに女性が首長層として存在していたことを知る。馬具が副葬され始める五世紀に入って男性だけでなく女性もまた同じ古墳に埋葬されたことは、最近の形質人類学的研究(3)によっても再確認されつつある。ましてや多人数を埋葬する横穴式石室が普及した六世紀に女性も同じ埋葬施設に埋葬されたことは、早くに指摘(4・5)がある。馬具が普及したその古墳時代後期に首長層以外の人物達も乗馬を行っていたとしても、乗馬人が男性に限られていたのかは不明である。

千葉県山武郡横芝町の姫塚古墳出土埴輪(6)に、特異な付属具を付けた馬装を表現した馬埴輪が存在することを確認した。その馬装は、従来認識されていた乗馬法には不適当であることから、特異な装備を持つ馬への乗り方とそれに乗る人物像を検討する。

一　文献にみえる乗馬人

日本列島における乗馬の風習の導入を論じた小林行雄は、記紀に記載された馬関連の記事をも検討している。それは、乗馬用としての馬の存在が古墳時代中期から見られることを記紀からも指摘できるとしたものであった。ここでは視点を変え、乗馬する人物に関連した記事を再整理する。

（一）男性乗馬の記事

『日本書紀』(7・8)では、巻第七以前を除くと巻第十一の「仁徳紀」で五十三年の条に田道が精騎を連ねてとあるのが騎馬人の初出であり、乗馬する人物は男性である。巻第十二の「履中・反正紀」では履中五年秋九月の条に履中天皇が淡路嶋に狩をした時、河内の飼部らが轡を執ったとあり、これも乗馬する人物は天皇つまり男性である。巻第十三の「允恭・安康紀」では允恭二年春二月の条に闘鶏国造が馬に乗ってとあり、允恭五年秋七月の条にも玉田宿禰が尾張連吾襲に馬一匹を授けその後道路で殺すとあるので、これも乗馬していたとすれば乗馬する人物は男性となる。以下同様に、巻第十四の「雄略紀」では安康三年冬十月の条に雄略天皇が弓を引き馬を走らせ、雄略四年春二月の条には雄略天皇が一事主神と轡を並べて馳せたとあり、雄略九年夏五月の条にも蘇我韓子宿禰と紀大磐宿禰が轡を並べて行ったとある。雄略九年秋七月の条に田辺史伯孫が誉田陵の下で赤駿と自分の葦毛とを交換したのは著名な説話である。雄略十三年秋九月の条にも赦使が黒駒に乗って刑所に馳せるとある。巻第十九の「欽明紀」では即位前紀に秦大津父が伊勢からの帰り狼に出会って馬から下り、欽明十四年冬十月の条には百済の王子と高麗の兵が戦った時に高麗の兵が轡を連ねて来たほか、欽明十五年の条にも筑紫国造に弓で射落された新羅の騎卒の記事がある。欽明二十三年秋七月の条では倭国造手彦は新羅との戦で駿馬に騎して免れている。巻第二十一の「用明・崇峻紀」では即位前紀の用明二年に物部守屋大連の資人捕鳥部萬が馬に騎して逃げている。巻第二十二の「推古紀」では十八年冬十月に額田部連比羅夫を新羅からの客を迎える荘馬の長に、膳臣大伴を任那からの客を迎える荘馬の長にしている。巻第二十四の「皇極紀」では元年春正月に百済の使人である大仁阿曇連比羅夫が筑紫国より驛馬に乗って来たとある。巻第二十八の「天武紀　上」では元年六月に東国へ出発した天武天皇は鞍馬に乗り、皇后は輿に載るとある。その他この壬申の乱の記事では多くの男性が馬に乗った。以上の例を見ただけでも、『日本書紀』では男性の乗馬記事が多い。それも、儀式や戦だけにとどまらず、多様な場面に乗馬した男性が登場している。

なお、男性が馬以外の乗り物に乗った記述は、巻第十四「雄略紀」の雄略二年冬十月の条に天皇が吉野へ行幸し車駕を使った記事や、雄略五年春二月の条に天皇が葛城山に狩をし皇后と車に上りて帰った記事、それに、巻第十五「清寧・顕宗・仁賢紀」の清寧三年春一月の条に顕宗天皇が兄の億計王と青蓋車に乗り宮中に入った記事、巻第十五「継体紀」の継体元年春一月の条に法駕で継体天皇を迎えに行った記事程度である。このような階層の人物が格式ある行事には車や輿を利用することがあったと、編纂時に考えられていたのであろう。

(二)　女性乗馬の記事

女性の乗馬が存在したことを示す記述は、『日本書紀』巻第十九「欽明紀」の欽明元年九月の条に欽明天皇が青海夫人勾子を大伴大連金村の見舞いに遣わした時、金村が鞍馬を贈ったとある記事と、欽明二十三年春正月の条に馬飼首歌依の妻の逢臣讃岐の鞍の下ぐらが異なりよく見れば石姫の御鞍であると讒言があったとする記事である。この時期に女性の乗馬が存在したことを示唆しているのであろうが、その乗馬法までは知ることができない。

女性の乗馬法の記事が見えるのは巻第二十八「天武紀」で、七世紀後半に入ってからのことであった。早くに指摘した原田淑人はこの時期の女性の騎乗法に縦横両用があったと理解したが、[9] 若干の補足を加えておかねばならない。『日本書紀』巻第二十九の「天武紀　下」十一年夏四月の条に、「乙酉、詔曰、自今以後、男女悉結髪。十二月卅日以前、結訖之。唯結髪之日、亦待勅旨。婦女乗馬、如男夫、其起于是日也。」という記述がある。西暦六八二年、女性が馬に乗る姿は、男性が馬に乗る姿と同じくさせられた。この天武十一年の記事は、中国大陸の唐の制度に倣って服飾の制を新たにした詔であるとされる（前註７の452頁頭注９）のであるが、とくに男性と同じように乗るという女性の乗馬姿がこの時に初めて見られたと付記した点は注目される。唐の制度にいう男性の乗馬姿は、唐代の墓室壁画や俑などを参考にすれば、馬に跨がる、つまり、左右の脚を馬の左右胴側に各々分けて乗るものである。その唐制に倣った日本列島の男性の乗馬姿も左右の脚を馬の左右胴側に各々分けて乗るものであったことは否定し難く、女性の乗馬姿もこれと同様であるというからには、女性もまた左右の脚を馬の左右胴側に各々分けて乗ったことになる。この『日本書紀』天武十一年の記事は、女性のその乗馬姿がこの日に起これりとしているから、それ以前の女性の乗馬姿は男性と同じでなかったことを示していると判断してよい。男性の乗馬姿は、戦時のみならず平時においても左右の脚を馬の両胴側に分けていたものと理解してよいであろう。つまり、天武十一年前は女性が乗馬する時に左右の脚を馬の両胴側に分けて乗ったのではなかったことを、この記事は物語っているのである。ただし、その姿がどのようなものであったのかは記していない。

ところが、同じ『日本書紀』巻第二十九の「天武紀　下」十三年閏四月壬午朔丙戌の条に「詔曰、（略）女年四十以上、髪之結不結、及乗馬縦横、並任意也。（略）」の記述もある。西暦六八四年つまり前述の天武十一年の詔から二年後に、四〇歳以上の女性は馬に乗る姿を縦横自由にしてよいと変更したものである。この記事にいう乗馬縦横が、馬の進行方向に対して前向きを縦とし、横向きを横と意味していると解釈してよければ、縦と言っている前向きは、男性の乗馬姿でもあった左右の脚を馬の両胴側に分けるものであり、横向きとは馬の片側の胴側に両脚を揃える姿であったと理解できる。ここでは、この記事に言う乗馬の縦と横のどちらが女性にとって原則的な姿であったのかが問題となる。天武十一年の詔にいう男性と同じ乗馬姿、つまり、左右の脚を馬の両胴側に分けるところの前向きのいわゆる縦乗りが新しい方式の女性の乗馬姿となったのであるから、二年後の天武十三年の詔に加えられた乗馬姿とは馬の片側の胴側に両脚を揃える横向きの姿であったことになる。さて、この天武十三年の詔は、結髪その他の変化を考慮すれば二年前に出した規制を四〇歳以上の女性に限って緩和したものと理解されている（前註7の462頁頭注11）。すなわち、乗馬についても四〇歳以上の女性に限っては、二年前まで慣れ親しんでいた乗馬法がやはり乗り易いものであるから、旧来の乗馬姿に戻しても支障がないということになったのであるとすれば、馬の片側の胴側に両脚を揃え、馬上で横向きに坐ることが天武十一年（西暦六八二年）までの女性の本来の乗馬姿であったと判断される。しかし、この旧態の女性乗馬姿が、どの時期まで遡るのかは文献に明らかでない。

二　馬埴輪の特異な馬装とアジアの乗馬姿

（一）短冊形水平板を持つ姫塚古墳の馬埴輪（写真１）

千葉県山武郡横芝町に所在する六世紀後半に作られた姫塚古墳の形象埴輪群には、多数の人物や馬などの埴輪が立て並べられていた。その数と、いずれも極めて写実的で、かつ、等身大の造形を意図したかのように大型である点が特徴的である。

馬埴輪は六頭確認され、種類は飾り馬と裸馬である。六頭を数える馬埴輪群の中の一頭が、短冊形水平板と呼んだ特異な付属具を鐙とともに鞍から下げていた。この埴輪から実物を想定すると、短冊形の木製板の四隅に孔を穿ち、その孔に革帯などを通し、水平になるよう鞍橋から垂下した鞍の付属具である。この短冊形の板は馬の右胴片側にのみ見られ、鞍と同じ程度の長さをもって鐙より上の位置の障泥上縁部に水平に突出しているから、両脚を分けて乗る

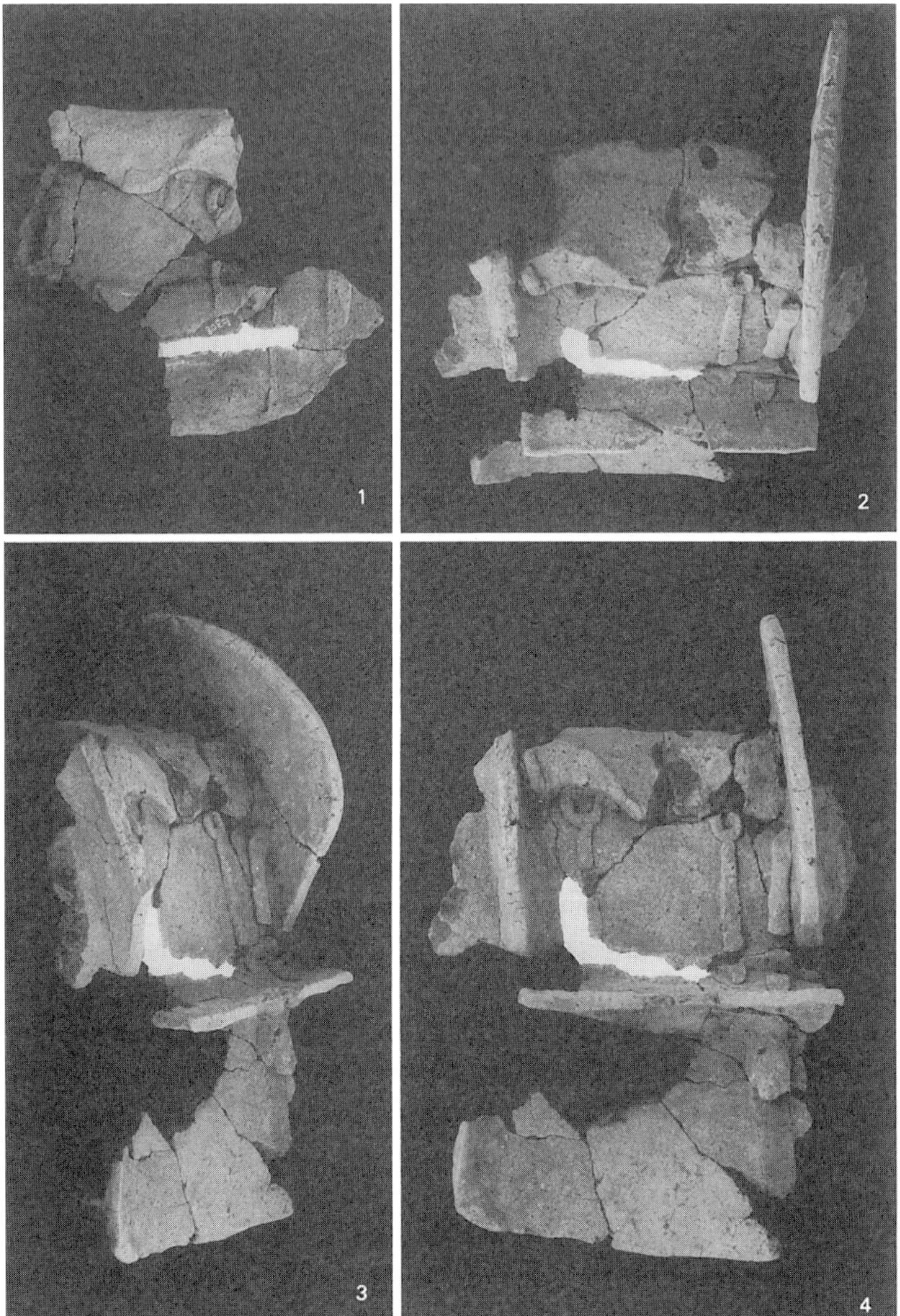

写真１　姫塚古墳出土馬埴輪の鞍部分（1.左側正面　2.右側上より　3.右側後方より　4.右側正面）

時には邪魔な存在となる。また、馬に跨って乗ると胴の左右で足の位置の高さが異なるので、跨って乗馬する際の付属具ではない。これは前向きのつまり縦乗りに用いたものでなく、また、鐙があるから騎乗の際の足掛けでもないので、乗馬した後に横坐りして両足を置く足置き板と考えるべきであろう。ただし、板を吊り下げる帯を操作すれば胴側に沿わせて立てることができる可動性の付属具であるので、鐙に足をかけ馬に跨って乗ることも可能であった。

　短冊形水平板を持つ馬埴輪は六世紀中葉から後半の東国でも多く見られる。つまり、東国各地で埴輪の製作を行っていた系統の異なる埴輪製作集団の間で、短冊形水平板という同一の特異な付属具をもつ馬埴輪を製作していたのである。これは、特異な馬装表現が特定の埴輪製作集団に起因するものではなく、各地域にまたがって広く普及した一つの乗馬法がそこに存在していたことを反映している。

(二)　アジアの乗馬画像

　後漢代から唐代に相当する時期の中国大陸・朝鮮半島では、墓室を飾る画像石・磚、墓室に多数描かれた壁画、墓室に副葬された木製・陶製の俑に見る画像のうち、乗馬姿を示す例がいくつか存在する。例えば、永泰公主墓[10]に副葬されていた三彩の女性騎馬俑は、男性と同じく馬の両胴側に両脚を分けて前向きに跨いで乗っている。また、朝鮮半島における高句麗の古墳壁画の中で乗馬する画像では、人物はいずれも馬の両胴側に両脚を分けて乗っている。しかし、女性の横坐り乗馬を示す資料はない。

　ところが、中央アジア地域のウズベク共和国サマルカンド市のアフラシヤブ城址中の部屋に描かれた七世

第１図　横坐り乗馬の女性像（註 11 より）

紀の壁画の中に、ワンピースを着て馬に乗る女性が並んで描かれている。その女性達は、まさに馬の左側に両脚を揃えて乗る横坐り姿（第1図）であった。

三　横坐り乗馬と女性乗馬の関連性

姫塚古墳出土馬埴輪の一例に見る短冊形水平板と呼んだ特異な付属具は、鐙とともに鞍から下げられているので鐙と同じ用途の騎乗する際の足掛けでないことは明らかである。また、短冊形水平板は鐙より上位置で突出しているから、両脚を分けて乗っている時は支障となる付属具である。その二点から、この短冊形水平板を付けた馬に乗る際は、両脚を馬の片側に降ろす横坐りの状態であれば支障がないという結論が導かれる。そこで、この短冊形水平板が横坐り乗馬用の付属具であったと認めるならば、この付属具を避けて短冊形水平板のない胴側に両脚を降ろす横坐り方式をとる時はわざわざそれを吊り下げる必要がないので、短冊形水平板を用いて横坐りしたとするのが自然な考えである。つまり、これを用いた横坐り乗馬が存在したならば、人物は短冊形水平板が付く胴側に向いていたと想定されるのであり、他の例も姫塚古墳出土馬埴輪と同様に短冊形水平板を胴右側に下げるから、短冊形水平板を用いた横坐り乗馬の向きは馬の進行方向に対して右であったものと推測される。姫塚古墳出土馬埴輪の短冊形水平板は鞍直下の障泥上縁に取り付けられているが、鞍にかなりの高さがあるので、短冊形水平板は両足を鐙にかけた場合の人物の膝あたりに位置すると見てよい。したがって、横坐りした人物がこの短冊形水平板を用いる時、両足をここに載せても膝頭が極端に挙がるような不自然な姿勢とはならないであろう。つまり、この短冊形水平板は両足を置く足置き板として用いられたと考えることが可能である。短冊形水平板は横坐りする際に用いられた付属具であったと理解できるのであるが、鞍に付くこの付属具が突出する状態で固定化されたものでもないことは、姫塚古墳出土馬埴輪例から推定される装着法をもって指摘できる。着脱が可能というよりも、水平に突出する板を垂直にして突出をなくすことが容易だからである。また、出土した実際の馬具に横坐り専用かと指摘できる鞍が極めて少なく、短冊形水平板をもつ馬埴輪に左胴側へ輪鐙や壺鐙を装着するものや、水平板の下方にさらに鐙を下げるものがある例から、本来は跨がって乗る縦坐り用の鞍に短冊形水平板を付けて、横坐り用の鞍へ変更することも多く行われたかと推測される。つまり、短冊形水平板は縦坐り鞍に附加して用いられてもよい付属具であった。

人物の乗馬姿は騎馬埴輪に見ることができる。六世紀代の騎馬埴輪(12)では、人物は両脚を馬の両胴側に分けて乗っており、その人物に美豆良の表現のある例が多いからほとんどの例は男性と認められる。一方で、女性乗馬については、『日本書紀』の「欽明紀」に女性が乗馬したことを記しているものの、乗馬法は「天武紀」に初めて登場する。その記述からは、女性の本来の乗馬法に横坐りがあったことを理解できるが、女性が乗る騎馬埴輪は現在までに確認されていないので、天武十一年の前の女性の乗馬姿が古墳時代後期まで遡って存在したのかは、騎馬埴輪でもっては指摘できない。しかし、天武十一年と天武十三年に見られる女性の乗馬姿の変更記事は、とくに四〇歳以上の女性が生まれ育った頃は女性の横坐り乗馬が主であったことを示していると理解され、それを遡ること僅か半世紀余の、六世紀第４四半世紀における姫塚古墳出土馬埴輪に表現された横坐り用と見られる短冊形水平板が女性用の鞍付属具であり、女性の横坐り乗馬が古墳時代に行われたと想定することも可能となってくる。

ところで、馬に跨がって乗るいわゆる縦乗りが盛行した唐代においても、女性の横坐り乗馬が存在したと推定できることは、早くに原田淑人が指摘している。宋の高丞の『事物起源』が唐代のこととして記す婚姻の時の「坐女於馬鞍之側」という乗馬法がそれであり、また、敦煌の騎馬女子歓楽図もそれを示しているのではないかとした。さらに、ヨーロッパでは馬の片側に紐で板を下げ足のせとした婦人用の座鞍が存在したことを、紀元前八世紀のヒッタイトやローマ帝国時代のガリアの浮彫(13)に見る。これと日本列島に見る短冊形水平板の付く鞍を短絡させることはできないが、紀元前十一世紀に草原地帯のスキタイ系遊牧民が使い始めた馬装が形を変えながら時間を経て西へ東へ南へと拡がった様子を検討した林俊雄の論[14]にしたがえば、ユーラシア大陸各地において乗馬法の残存や伝播がなかったと、全く無視することもできないであろう。しかし、横坐り乗馬をした人物に女性を想定できるとしても、横坐り用と見られる短冊形水平板と女性の横坐り乗馬を安易に結びつけようとするのではない。中央アジアのアフラシャブ壁画にみられた横坐り乗馬が、着た衣服に対応して行われた方法であったかもしれないことを参考にするならば、日本列島における横坐り乗馬法が男性には用いられなかったと断言できず、男性も縦坐り乗馬に不都合な衣服を着用した場合は横坐りした可能性を考慮しなければならない。とくに金銅装馬具を付けたであろう各種儀礼の場での古代日本における乗馬を考える際には、そこで着用した衣服の検討もまた必要となろう。したがって、正確に述べるならば、短冊形水平板をもつ馬には女性という特定の性の人物が必ず横坐りして乗ったとは断言できず、女性が横坐りする場合には短冊形水平板をもつ馬に乗ったのであろうと言える程度である。

女性の縦乗り乗馬が天武年間に規定された背景に、唐の都長安において男装女性が男性と同じく騎乗している姿を頻繁に見た遣唐使の帰国と活躍があったと推測できる。しかし、それを遡る女性の横坐り乗馬が東アジアを中心とした乗馬姿のどれからの影響と捉えられるか、今の段階では判断できる材料がない。なお、これと関連する資料に、韓国の皇南大塚（慶州市皇南洞第九八号古墳）北墳[15]から出土した把手の付く鞍があって、その北墳に女性が埋葬されていたからそれを女性用かとし、また、それと同類の把手がある奈良県生駒郡斑鳩町藤ノ木古墳[16]の鞍も女性用であったとする見解も多いと紹介されている[17]。しかし、藤ノ木古墳の石棺に埋葬された二人はともに男性であるとされる[18]から、ここでは女性用鞍としての検討はもちろんのこと、横坐り乗馬との関連でも触れることは差し控えておく[19]。

姫塚古墳の短冊形水平板が横坐り用の付属具で、かつ、女性用馬に対するものであったとすれば、姫塚古墳の埴輪を製作した工人は利用時における男性用馬と女性用馬の馬装を短冊形水平板の有無に象徴的させて表現したことになる。その場合は、短冊形水平板をもつ馬とそれをもたない飾り馬が一基の古墳に混在することに、男性用馬と女性用馬が存在した場面を示そうとする意図があったと推測できよう。短冊形水平板が付く馬を横坐り用馬としてみると、近畿においてはこの種の付属具をもつ五世紀代の馬埴輪が見られ、関東でも五世紀末の馬埴輪の部分が確認されるようになってきた。横坐り乗馬の風習は古くに遡って存在した可能性がある。

五世紀の日本列島では、倭の五王の遣使に象徴される対外交渉が活発化し、馬具を装備した馬が導入されて交通手段が一つ増えた。乗馬の風習が普及し始めた当初から横坐り乗馬も行われていたと考えられるのであり、日本列島の馬埴輪は中国大陸や朝鮮半島の事例よりも明確に証明している。唐の都・長安において男性と同じく騎乗している男装女性の姿も見ていた遣唐使の進言があって、日本列島でも天武十一年に唐の制度にならった新制をしき、女性の縦坐り乗馬を推進しようとしたとするのは穿ちすぎの見方であろうが、早くも二年後に縦坐り乗馬制の修正を余儀なくされたのは、女性の横坐り乗馬がかなり昔に始まる永年の慣習であったためであろう。

以上、馬埴輪で確認される短冊形水平板が横坐り乗馬に使用したものであること、その付属具を使用した乗馬姿が女性に見られた可能性が高いことを指摘した。しかし、実用品の馬具付属具として短冊形木製板の出土例確認など、今後に残した課題も多い。

註

（1）小林行雄「第8章　上代日本における乗馬の風習」『古墳時代の研究』261～286頁　一九六一　青木書店
（2）富樫卯三郎『向野田古墳　宇土市埋蔵文化財調査報告書』第2集　一九七八　宇土市教育委員会
（3）田中良之『古墳時代親族構造の研究　人骨が語る古代社会』一九九五　柏書房
（4）楢崎彰一「第2　中河内郡石切町大藪古墳」『金山古墳および大藪古墳の調査　大阪府文化財調査報告書』第２輯　13～45頁　一九五三　大阪府教育委員会

（5）小林行雄「第3　横穴式石室における合葬」『金山古墳および大藪古墳の調査　大阪府文化財調査報告書』第2輯　46～55頁　一九五三　大阪府教育委員会
（6）滝口　宏『はにわ』　一九六三　日本経済新聞社
（7）坂本太郎・家永三郎・井上光貞・大野晋（校注）『日本古典文学大系68　日本書紀　下』　一九六五　岩波書店
（8）坂本太郎・家永三郎・井上光貞・大野晋（校注）『日本古典文学大系67　日本書紀　上』　一九六七　岩波書店
（9）原田淑人「唐代女子騎馬土偶に就いて」『考古学雑誌』第8巻第8号　437～446頁　一九一八　考古学会
（10）陝西省文物管理委員会「唐永泰公主墓発掘簡報」『文物』一九六四年第1期　7～33頁　一九六四　文物出版社
（11）アリバウム（L・I・アリバウム：加藤九祚訳）『古代サマルカンドの壁画』　一九八〇　文化出版局
（12）千賀　久『カラーブックス　はにわの動物園』　一九九四　保育社
（13）ホワイト、リン、Jr（内田星美訳）『中世の技術と社会変動』　一九八五　思索社
（14）林　俊雄「鞍と鐙」『創価大学人文論集』第8号　53～97頁　一九九六　創価大学人文学会
（15）文化財研究所美術工芸研究室編『皇南大塚　慶州市皇南洞第98号古墳　北墳発掘調査報告書』　一九八五　文化財管理局文化財研究所
（16）奈良県立橿原考古学研究所『斑鳩藤ノ木古墳第1次調査報告書』　一九九〇　斑鳩町・斑鳩町教育委員会
（17）石野博信編「藤ノ木古墳の開棺調査」森浩一・石野博信編『藤ノ木古墳とその文化』　20頁　山川出版社　一九八九
（18）池田次郎・片山一道「人骨」　奈良県立橿原考古学研究所編　『斑鳩藤ノ木古墳第2・3次調査報告書』　110～135頁　一九九三　斑鳩町・斑鳩町教育委員会
（19）女性乗馬のための馬装も記した『三国史記』巻第33の「雑志　第二　車騎　新羅」（註20、134～136頁）の中で、真骨の女が使う馬具に脊雑、六頭品の女が使う馬具に替脊と呼ばれる装具が出てくる。これらの具体像を把握できていないが、男性や他の低い身分の女性の馬具にそれらは出てこないので、高い身分の女性用鞍に付属する装具が存在したのかもしれない。それが横坐り用の付属具であるのかは今のところ不明である。
（20）金　富軾（井上秀雄訳注）『東洋文庫454　三国史記3』　一九八六　平凡社

【図引用】
第1図―註11、アリバウム『古代サマルカンドの壁画』一九八〇 第10図を転載

第二節 男性埴輪にみる第三の大刀佩用法

一 認識されていた古墳時代の大刀佩用法

(一) 金属装大刀の佩用法

かつて小林行雄は、六世紀を中心としてみられる金属装大刀について、その拵の検討から佩用法に二種があったと指摘した。(1) 佩用を想定させる拵の部分とは、鞘の鞘口に近い部分の金具であり、鞘尻に取り付けられた金具ないしは鹿角などの有機質具であり、その形態の差が問題であった。検討の結果として指摘された大刀佩用法の一つは、大刀吊り下げ用の紐を通す環が鞘口に近い部分の佩裏に一つしかないため、自然な状態ではおそらく大刀が腰帯から垂直に近く吊り下がる方法である。その種類の大刀の鞘尻には、鹿角などの有機質具に金属製の蟹目様の付属具が取り付けられているものが多い。要するに頭の大きい銅製や金銅製の釘を二本打ち付けられた状態と言い換えることができる。これは、腰から垂下された大刀の鞘尻が地面に触れて傷つかないように配慮したものとされる。

もう一つの大刀佩用法は、大刀吊り下げ用の紐を通す小環を付属させた足金物という環が二本、大刀を水平にすると鞘口に近い部分の上部、刀身でいえば棟の位置に装着されているため、自然な状態ではおそらく大刀が腰帯に平行するかのような水平もしくは斜めに吊り下げることができる、二足佩用とも呼ばれる方法である。

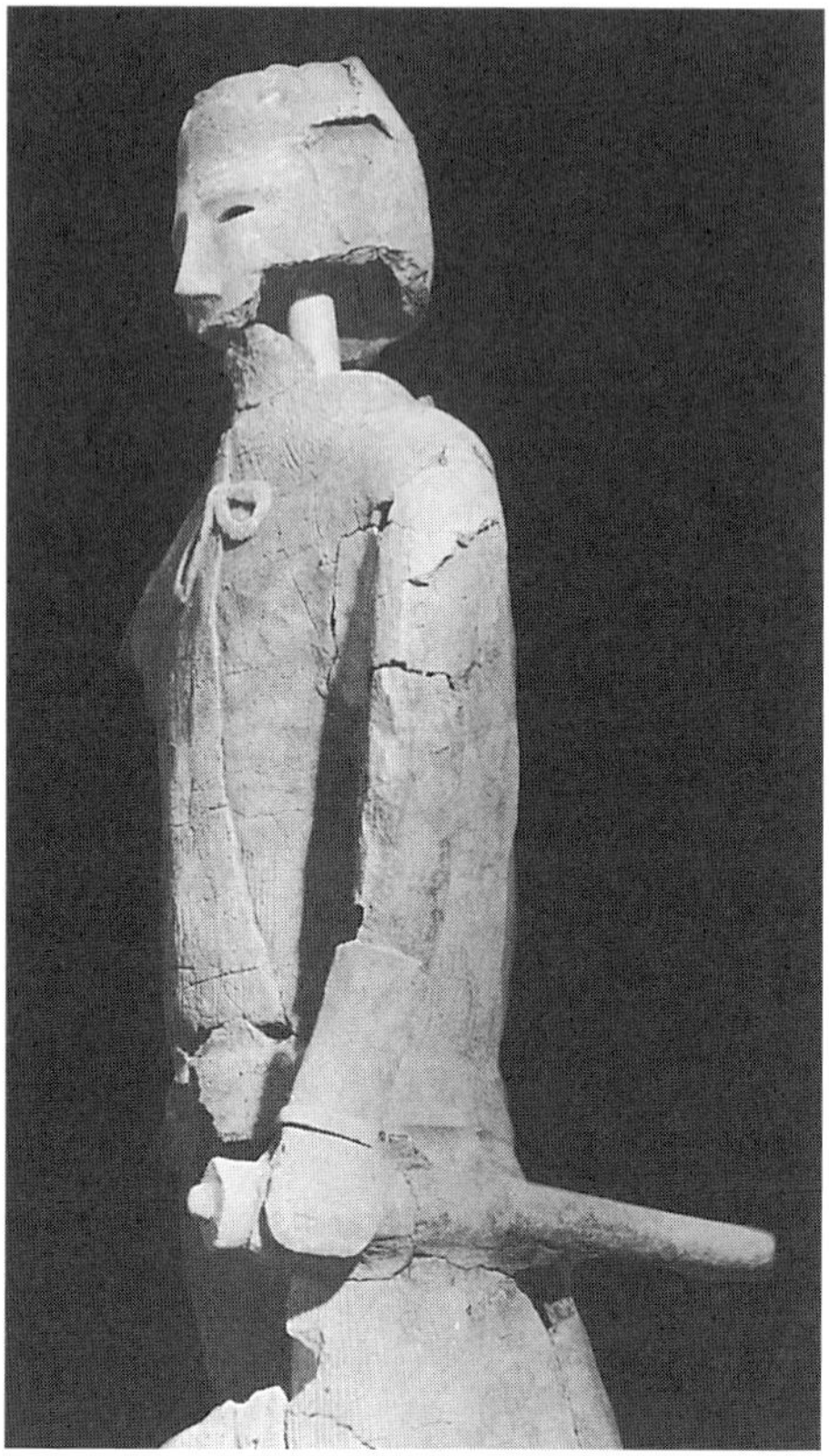

写真１　人物像の腰に付く大刀（千葉県・姫塚古墳出土）

この二種の佩用法は、それぞれ特殊な形式の大刀にのみ採用されたのではなく、六世紀の中での時期的差による佩用法の流行の結果であると理解されている。例えば、六世紀を通じて見られた龍鳳環頭大刀は、六世紀の早い段階では前者に佩用法である垂下方式を採るが、後半の新しい段階に入ると後者の佩用法である横ないし斜めに佩用する方式に変化した[2]。六世紀でも後半段階に金属装大刀として普及した頭椎大刀は、後者の佩用法を採ることが多かったのは言うまでもない。

（二）人物埴輪の一般的大刀佩用法

例を挙げるまでもなく、埴輪に表現された大刀を佩用する人物は男性がほとんどであり、立ち姿であれ、椅子などに坐っている姿であれ、大刀は腰の帯に水平か斜めに接合されている。しかも、左腰に付けるものがほとんどである。ただし、近世武士のように腰帯に差したかどうかは明らかでない例が多い。

その中にあって、坐る姿と立ち姿の男性を例に検討すべきであるが、本来の大刀佩用法とは、立ち姿の際の持ち方を指している。したがって、坐る姿の男性が腰帯に平行させるような状態で大刀を持っていたとしても、立ち姿の場合がどうであったのかは不明であると、考えねばならない。立ち姿の男性で明らかに大刀であると認めてよい長い刀を身に付けているのは武人であり、ほとんどが腰帯から斜めに下げている(3)（写真1）。短い刀子状の小刀を身に付ける場合も紐で腰帯から吊り下げている例（写真2）がある。

ところが、このような大刀佩用とは異なる姿の男性埴輪が確認されたのである。

二　大刀佩用の新しい姿

(一) 大刀の持ち方が特異な男性埴輪

千葉県山武郡横芝町に所在する姫塚古墳では、前方後円墳である墳丘の北側中段に、馬数頭と男性像五体に続き、男性像一六体と器財一個があって、さらに女性像七体と男性像一〇体が一列に並び、列外にひざまづく男性像一体と琴をひく男性像一体があったとされる(4)。

写真２　人物像の腰帯から下がる小刀（千葉県・姫塚古墳出土）

今問題としている男性埴輪は、列状に並べられた人物群像中の一体であり、人物列を馬埴輪群が先頭であったと仮定した場合、この男性埴輪は列の後半に属しており、女性埴輪を含む中心的一群に続く、最後の男性群像を構成する一人である。

これまでは、この男性像のみが

右肩から左胸にかけて斜めの帯を表現しているので、襷がけの男性と称されてきた。復元の結果、この男性埴輪は頭に丸い帽子のような被り物をし、耳には耳環をつけて、それを覆うように下げ髪の美豆良を両肩まで垂らし、顎鬚をたくわえている。両腕は左右に下げて手を腰に当てている。左腰には、瓢箪形の巾着形容器か袋を下げる(5)。

注目すべき点は、まさに襷のような帯が右肩から左胸を通り左脇に達すると、それが背中に廻って右肩に繋がってしまうことである。しかし、右肩から左脇へ胸と背中を繞る斜めの帯は単なる襷ではなかった。左脇に達したその帯は大刀の中位で上に被さっていたのである。この人物が持つ大刀は頭椎大刀と呼ばれる形式であり、鞘に黒色と白色の彩色があったようである。しかも、大刀は把頭を背中側に廻し、鞘尻を左腰前に出して、斜め縦位置の状態であった。つまり、大刀は右肩から斜めに下ろした帯で吊り下げられていたとしてよい。さらに、大刀の鞘尻部分は手甲をつけた左手で押さえられている。なお、把頭の形状はかなり写実的であり、通常の頭椎大刀では斜め縦位置に吊り下げられた状態の刃は下向きとなる(6)（写真3・4）。

(二) 異例の大刀佩用法

大刀を持つ人物埴輪とくに男性埴輪は、大刀の把を前にして水平に近い斜め状態で腰の横位置につけているのが通常の姿である。しかし、この男性埴輪は、頭椎大刀を縦位置に、しかも肩から下げた帯に吊りさげている姿が特異である。このような大刀の持ち方をした人物埴輪の類例は、現在、明確には他に知られていないが、この資料の復元後、関東各地の人物埴輪で背面に帯状の剝離痕跡が残る例を認識できるようになってきたから、今後に類例の増加が想定される。東アジアの造形物や図像では、朝鮮半島に類似する姿を示す資料はなく、唯一、中国大陸の唐代の墓室壁画に帯を使って肩から大刀を下げた男性人物像が見られ、この埴輪に似ているとしてよいであろう(7)（第1図）。ただし、この唐壁画の人物は帽子が姫塚古墳埴輪のそれと似ているものの、大刀形式が環頭大刀であることや、大刀の把頭が前に位置していること、大刀鞘の二か所に帯を接続していることが、この男性埴輪の姿とは異なる。

写真４　把が背にまわる頭椎大刀の佩用
（千葉県・姫塚古墳出土）

写真３　脇に大刀を吊り下げる男性埴輪（千葉県・姫塚古墳出土）

第１図　環頭大刀を肩から吊り下げる人物像

第２図　大刀を手に持つ女性埴輪（群馬県・塚廻り４号墳出土）

姫塚古墳出土の特異な大刀持ち姿の男性埴輪とは異なるが、特殊な大刀持ち姿の男性埴輪は他にも存在するとされる。それは、群馬県邑楽郡大田村出土とされる大刀を肩に架ける人物埴輪である⑧。欠損部分があるため、明確には大刀であると断定できないが、大刀を肩に架けるという姿は充分想定できる。中国大陸の漢代の画象石には環頭大刀を肩にする人物を多く見ることができる。また、朝鮮半島では、徳興里古墳の墓室壁画に大刀ではないが武器を肩にして行進している兵士を見る。[9]一方では、群馬県・塚廻り古墳群に女性埴輪が片手に頭椎大刀を握って立つ珍しい事例も存在する[10]（第２図）。この女性埴輪が握る大刀は金属装でなく木装であった可能性もある。そこで、実物の大刀における佩用装置の検討結果との比較が必要となる。

三　大刀と帯の意味

(一)　実物大刀の帯

大刀の佩用法についての研究は、瀧瀬芳之らによって積極的に進められている。[11]ここに紹介した姫塚古墳出土の特異な姿の男性埴輪が持つ大刀形式は頭椎大刀であり、肩から吊り下げる方法で佩用されたこともあると指摘できるようになった。この人物埴輪に見える佩用法と実物の頭椎大刀の佩用装置を検討した日高慎は、頭椎大刀に限ってはという慎重な姿勢で、金属装頭椎大刀には帯を用いて佩用したと想定してよい例が存在すること、それも姫塚古墳出土の特異な姿の男性埴輪に見られるように大刀の佩表に帯がまわる方式であること、を比較指摘した。[12]そうなると、実物の金属装大刀の鞘に巻かれた鞘間の金属板も単なる装飾でなく、このような佩用のための帯や紐を巻くための機能があった可能性も生じる。それも、金属装大刀に限らないことは充分想定される。茨城県ひたちなか市の磯崎東二号墳で出土した木装大刀[13]は形式が不明であるものの、鞘木の遺存が良好であった鞘口片面には帯状布の痕跡が残っており、これが佩用のための帯であった可能性は高い。木装大刀の多くが帯を用いた佩用であったと想定できる根拠である。

東アジアの大刀佩用に考察を加えた町田章の研究[14]を引用すれば、その帯はただの大刀佩用帯ではなくて、格式を持たされた綬である可能性も考えねばならない。

また、詳細な報告はないが、奈良県斑鳩町・藤ノ木古墳の横穴式石室内の石棺に副葬されていた金属装大刀の近くに存在したという布帯の用途を考える上でもこの人物埴輪の姿は参考になろう[15]。藤ノ古墳出土の金属装大刀は金属装ではあるものの、その形式は古風の鹿角装や木装の大刀形式そのものであり、金属装飾を加えたにすぎない[16]。ゆえに、藤ノ木古墳の大刀の近くに存在したという布帯は、大刀を佩用する際の帯である可能性が高い。

(二) 大刀埴輪の帯

六世紀の関東で盛行した大刀埴輪は、把頭に細長い台形板が取り付けられ、それと把口の間に護拳用とされる勾金(勾革)の付属する形式が一般的である。各部位の表現に異なりを見るので、いくつかの型式に分けることが可能である[17]。その差異は関東各地で活動した埴輪製作集団が用いた技法の違いに起因していることも考えねばならないが、基本的形態はモデルとなった実物大刀の装飾が反映されている。

しかし、同時期に存在していた環頭大刀や頭椎大刀など新式の金属装大刀を表現したものが単体の大刀埴輪に認められないから、そこに大刀埴輪の意義を認め、古墳に樹立し死者を護る器財として古式に則った伝統的な古風大刀の埴輪が必要であったのであろう。

近畿でも、五世紀には、把頭が楕円筒を呈する鹿角装・木装系統大刀と、台形板の把頭をもつ木装系統大刀の2種の実物大刀形式を模した大刀埴輪が出現した。しかし、六世紀に入ると、近畿では把頭を楕円筒とする鹿角装系統の大刀埴輪が主体となった。関東では細長い台形板の把頭をもつ木装系統の大刀埴輪が主流を占めるようになった[18]。伝統的形式の大刀を埴輪に表現したものであっても、近畿と関東では大きな相異が生じたのである。その背景を論じるのは、ここでは割愛するが、関東の大刀埴輪に紐か帯を表現した例が存在する。

それは、大刀埴輪の鞘部分に、鞘口辺りから二つの細長い輪が垂れ下がっている状態を表現したもので、従来は腰に廻せる程度の短いものかと考えていたが、長い帯か紐を抽象的に表現したのであれば、人物の肩から脇に垂れて背を廻って肩に戻れる襷のような長い帯であった可能性も出てくる。古風大刀が肩から吊り下げて佩用されたことも考えねばならない事例である。

四　姫塚古墳出土の特異な大刀持ち男性像の役割

この男性像は珍しい大刀の持ち方をした稀な事例であると単純に理解するだけでよいのかは検討を要する。中国大陸の漢代には環頭大刀を肩にする人物像があり、また、朝鮮半島では大刀ではないが武器を肩にして行進している兵士像がある。唐代の帯を使って肩から大刀を下げた男性人物像も兵士であり、これに似た姫塚古墳の大刀持ち男性像も兵士であって、偶然に大刀を肩から下げた兵士が表現されただけであると考えるのも一つの解釈である。しかし、唐代の壁画に見る大刀を肩から吊り下げる男性の姿は珍しく、兵士ではあるが特別に意味ある大刀を持たされていた人物と考えることも可能である。唐代よりも古い六世紀後半の姫塚古墳においても、珍しい大刀の持ち方をした男性は特別に意味ある大刀を持たされていた可能性があるのであろうか。首長の大刀を他人が持つような場合は袋に入れたのが普通であるとされる(19)。また、大刀を下げる帯に身分や権威を表す「綬」相当の特別な意味があり、儀式に臨んでそれを示している人物の姿も検討しなければならないとされる。隣接する殿塚古墳からは金銅装の頭椎大刀が出土し、この形式の大刀では最古段階の型式であること、また、姫塚古墳出土大刀埴輪に平面形が卵形をした鐔を表現したものがあることなどを参考にすれば、この人物像が持つ大刀は例えば首長などが保有した特別な大刀であった可能性もある。単なる兵士の姿でなく、儀式などで特別な大刀を持つ人物を表したものかもしれないのである。しかし、「綬」には色も伴うと考えねばならず、埴輪の大刀の紐・帯に明確な彩色差をまだ確認できない。

一方で、この人物像が持つ頭椎大刀は、金属装でなく木装であった可能性も考えねばならない。群馬県・塚廻り古墳群の女性像が持っていた頭椎大刀は、その古墳の時期に金属装頭椎大刀がまだ出現していない可能性が高いので、この珍しい事例も金属装でなく木装の大刀であったと推測できる。これより古い時期の奈良県天理市・布留遺跡出土の木製刀装具にも頭椎状の把頭があるので[20]、頭椎大刀もまた古風大刀の部類に含めることも可能であろう。その木製頭椎大刀は、どのように佩用されたか不明であるが、姫塚古墳の人物像を参考にすれば、肩から帯で吊り下げることもあった可能性を捨てきれないのである。

註

（1）小林行雄「古墳時代の大刀」『埼玉県埋蔵文化財調査事業団　研究紀要　一九八六』一九八六
（2）新納　泉「戊辰年銘大刀と装飾付大刀の編年」『考古学研究』第34巻第3号　一九八四
（3）杉山晋作「埴輪武人の装い」『歴博万華鏡』二〇〇〇　朝倉書店
（4）滝口　宏『はにわ』日本経済新聞社
（5）全体像が未復元であった埴輪の復元作業は、芝山はにわ博物館と早稲田大学の理解を得て、国立歴史民俗博物館において杉山が進めた。この資料は現在芝山はにわ博物館で展示されている。
（6）一九九九年二月六日、『千葉日報』など各紙で公表。
（7）袁杰英編著『中国歴代服飾史』88頁　中国教育出版社　一九九三
（8）後藤守一「所謂消火器形埴輪に就て」『日本古代文化研究』114頁の本文、117頁の第33図、一九四二
（9）朱栄憲ほか（高寛敏　訳）『徳興里高句麗壁画古墳』講談社　一九八五
（10）橋本博文ほか『塚廻り古墳群』一九八〇　群馬県教育委員会
（11）瀧瀬芳之「大刀の佩用について」『埼玉考古学論集』一九九一
（12）日高　慎「第七節　風返稲荷山古墳出土の飾大刀と佩用方法について」『風返稲荷山古墳』二〇〇三
（13）斉藤　新ほか『那珂湊市磯崎東古墳群』一九九〇　那珂湊市磯崎東古墳群発掘調査会。鴨志田篤二氏のご教示により観察。報告図には布帯痕跡が記されていない。

(14) 町田　章「古代帯金具考」『古代東アジアの装飾墓』一九八七　同朋舎出版
(15) 白石太一郎氏のご教示による。
(16) 白石太一郎「玉纏大刀考」『国立歴史民俗博物館研究報告』第50集　一九九三
(17) 志村　哲ほか「群馬県出土の武器・武具埴輪」『群馬県古墳時代研究会　資料集第1集群馬県内古墳出土の武器・武具』一九九五
(18) 浅見恵理「西と東の大刀形埴輪」『埴輪研究会誌』第4号　二〇〇〇
(19) 町田　章氏のご教示による。奈良県天理市荒蒔古墳出土の狩猟図の線刻画ある大刀埴輪は袋に入った状態とも考えられる事例であろう。
(20) 置田雅昭「古墳時代の木製刀把装具」『天理大学学報』第145輯　一九八五

挿図出典

第1図　袁杰英編著『中国歴代服飾史』88頁　中国教育出版社　一九九三　88頁　図8—86
第2図　橋本博文ほか『塚廻り古墳群』一九八〇　群馬県教育委員会　289頁　第190図

第三節　いわゆる裸の人物埴輪と被服

一　人物埴輪の男性と女性

(一) 衣服からの男女性別認定

人物埴輪の男女については、近世以来、衣服形式の検討によってその別が分けられてきた。人物埴輪の研究を進め

第１図　中国唐代の男装女性像

た高橋健自は、衣服形式を論じ、その中で男女の衣服差に言及した[1]。また、後藤守一も、衣服の検討から高橋健自の説を補強した[2]。男性は衣褌を、女性は衣裳を着けていることをもって、男女を分ける根拠とした。

　その後の研究を経て、現在は、一般的な女性埴輪は頭に分銅形の髷を乗せて胸にふくらみをもち、男性埴輪は頭頂髪を五分五分に振り分け、下位は束ねた美豆良を耳脇に垂らすと理解されている。衣服は、上衣は男女とも似ているが、下半身の表現がある場合は、女性はスカート状の裳を、男性は膝あたりを足結紐で結び上位にふくらみをもたせた褌を着けていることが多い。概説としてこの理解は正しい。しかし、人物埴輪の発見が増加した最近では、頭に髷を乗せながらも乳房のふくらみのない女性埴輪も多い。

　男と女の埴輪は、まず肉体的特徴の表現をもって第一の判断基準とし、次いで、髪形や衣服で判断すべきである。しかし、部分しか発見されない人物埴輪や、根拠とする表現が欠けた人物埴輪は、男女の別を断定するに慎重でなければならない。

(二)　肉体的特徴による性別認定

まず、肉体的特徴を持つ男女の埴輪とは、性器を表した例である。栃木県・鶏塚古墳では性器を露出した男女の埴輪が立っていた(3)。男性は復元されていないので髪形は明らかでない。しかし、女性は髷を頭に乗せている。他の古墳出土の男性器を露出した人物には美豆良を認めるものがある。だから、女性を表現しようとした埴輪は頭に分銅形の髷があり、男性を表現しようとした埴輪は耳脇に垂らした美豆良があるという基本があったと認めてよい。次に、頭に分銅形の髷を乗せるのが基本であった女性埴輪には、胸に乳房のふくらみを見せる例が多い。さらに、そういう女性埴輪は下衣にスカート状の裳を着けていることがある。また、耳脇に美豆良を垂らした人物は下衣にズボン状の褌をはく者が多い。そして、その人物の腰には刀を表していることがある。男女の性別を決める根拠は次第に弱くなるのである。

第2図　城山1号墳の人物像

古代中国では、男性の機能を除去された宦官が宮殿に居たとされ、唐時代の永泰公主墓壁画では、宮殿に仕える女性たちの中にズボンなど男性の服装をして器物を持つ者(4)（第1図）がいる。前者は女装していたのか明らかでないが、後者は女性が男装していたのである。

(三)　性別認定困難な人物

千葉県・城山一号墳出土の人物埴輪の中に、美豆良を耳脇に垂らしているが、胸の乳房位置に二重円を二つ線刻した者がいる(5)（第2図）。この二つの特徴のうち、美豆良という髪形を重視すれば、この人物は男性である。しかし、二重円を乳房と理解するならば、この人物は女性であることになる。古墳時代の六世紀は、

第３図　中国唐代の武人像

埴輪から男女とも髪が長かったと判断される。したがって、女性が髪を少し短くして、男性の美豆良に作り変えることは充分可能である。だから、髪形は性差を示す肉体的象徴とはなし得ない。それに対して、乳房はまさに性差を示す肉体的象徴そのものである。この埴輪の場合、二重円が乳房の表現であるか否かが問題となる。この地域で同時期に作られた女性埴輪は、乳房を表現しないものが多い。だから、ふくらみをもたせなくても、二重円が描かれていれば、乳房と見なせる。一方で、二重円は中国の兵士俑(6)（第３図）の胸にもある円形の文様と同じようなもので、乳房ではない、とする考えもできよう。さらには、埴輪作りが胴体まで作る工程と頭を作って完成させる工程で分業したため、偶然に女性の胴部に男性の頭をのせて完成させたという考えもできる。しかし、造形途中で誤りに気付けば、二重円の刻線を消すことは容易であるし、乾燥後でも粘土を塗って隠すことができたから、この説は消去できる。だから、二重円を描いた意図が胸に文様を施すことにあったのか、乳房を表現しようとしたのかは別にして、埴輪造形者の意図は正確に埴輪に反映されている。このような例はこの古墳でも二体以上存在するうえに、同じ古墳から出土したところの髷を頭に乗せた人物にも二重渦巻きの刻線があるから、この二重円を乳房と考えることは可能である。そうであるとすれば、美豆良を下げて胸に二重円をもつ人物は、女性でありながら髪形を男性風に変えた男装の女性ということになろう。逆に、男性が女装した姿である可能性は、髪形をいくらでも変えることができるにもかかわらず、女性の髷に変えていない点をもって、低いと言えよう。

　古墳時代にも女性でありながら男装した人物がいたかもしれないのである。

　栃木県宇都宮市・西原二号墳[7]は墳丘が削平されていた残りを全面的に発掘したもので、周溝も全部掘られた。円筒埴輪に混じって人物埴輪一体があり、ほかに馬埴輪一頭が確認されただけである[8]（第4図）。人物埴輪は頭に頭巾のような被り物をしているから髪形で男女の推定はできない。しかし、胸にふくらみの表現があるから女性と判断してよい。この女性

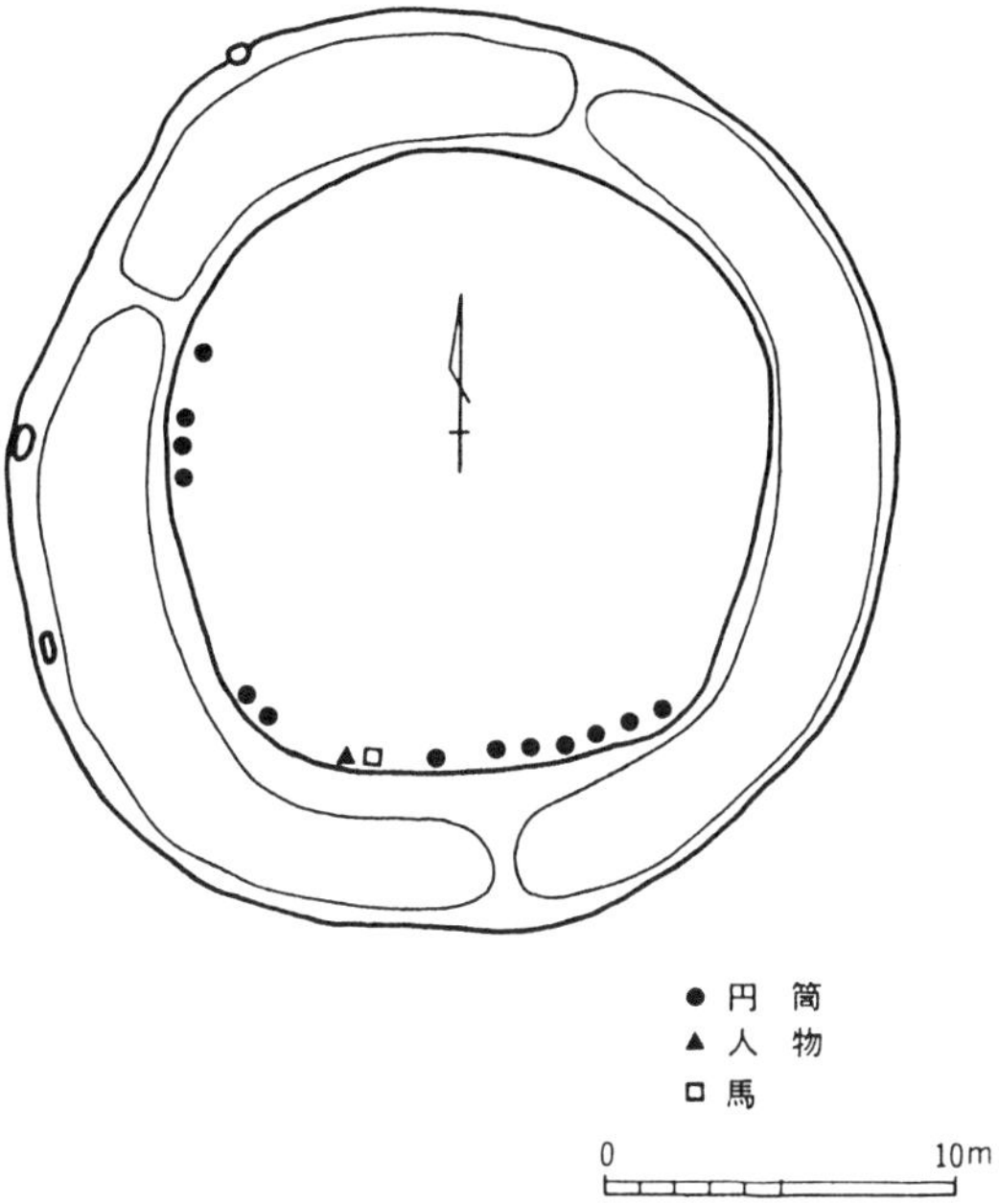

第4図　西原2号墳の墳形と埴輪

は片腕を上に挙げていたので、馬曳きと見ることも可能である。一般的に、出土した馬曳き埴輪は男性がほとんどであるので、この古墳だけには女性の馬曳き埴輪が立てられたことになる。そこに、敢えて小円墳に人物埴輪を樹立した事情があったと考えるべきではなかろうか。

群馬県・塚廻り四号墳に立てられていた人物群像の中の大刀を持つ女性(9)（第５図）もまた、女性が大刀を持った異例の姿を表現すべく特注された製品であったのであろう。

埴輪に見るこういう特殊例は、あくまでも特例のままにしておいて、埴輪の一般的理解の中に入れないでおくのが

第５図　塚廻り４号墳の大刀を持つ女性像

よい、という考えもある。確かに、男女の像がよく似た姿を示すことは多い。しかし、その姿は多数の埴輪を比較した結果から導かれた認識であり、その姿を表現することが当時の原則であったと証明したことにならない。ここに示したような特殊例が原則的姿態の突然変異として出現したのでないことは明らかであるからである。モデルがいたか、あるいは、いなかったかは別にして、埴輪造形者はどの姿を表現するか意識して製作したのであり、具体的対象のない原則的姿態を頭に描いて製作したのではなかったはずである。その個々の像を分析理解してから、群像を解釈するほうが、個々の古墳に樹立された埴輪群像の製作意図を説明でき、歴史の叙述につながるであろう。

写真１　姫塚古墳出土男性像の美豆良

二　有機質で飾られた人物埴輪

(一)　人物埴輪に見る穴

千葉県・姫塚古墳の男性埴輪は立派な美豆良を肩まで垂らしている。その先端近くには棒を斜めに差し込んであけた穴が上に開いている（写真１）。この穴は、貫通していず、また、乾燥用とは考え難いので、別の用途を考えねばならない。穴は左右の美豆良に各々一つずつあり、他の男性埴輪にも同じように認められる。この穴は、男性の美豆良を飾るために有機質の飾りを差し込むためのものだった

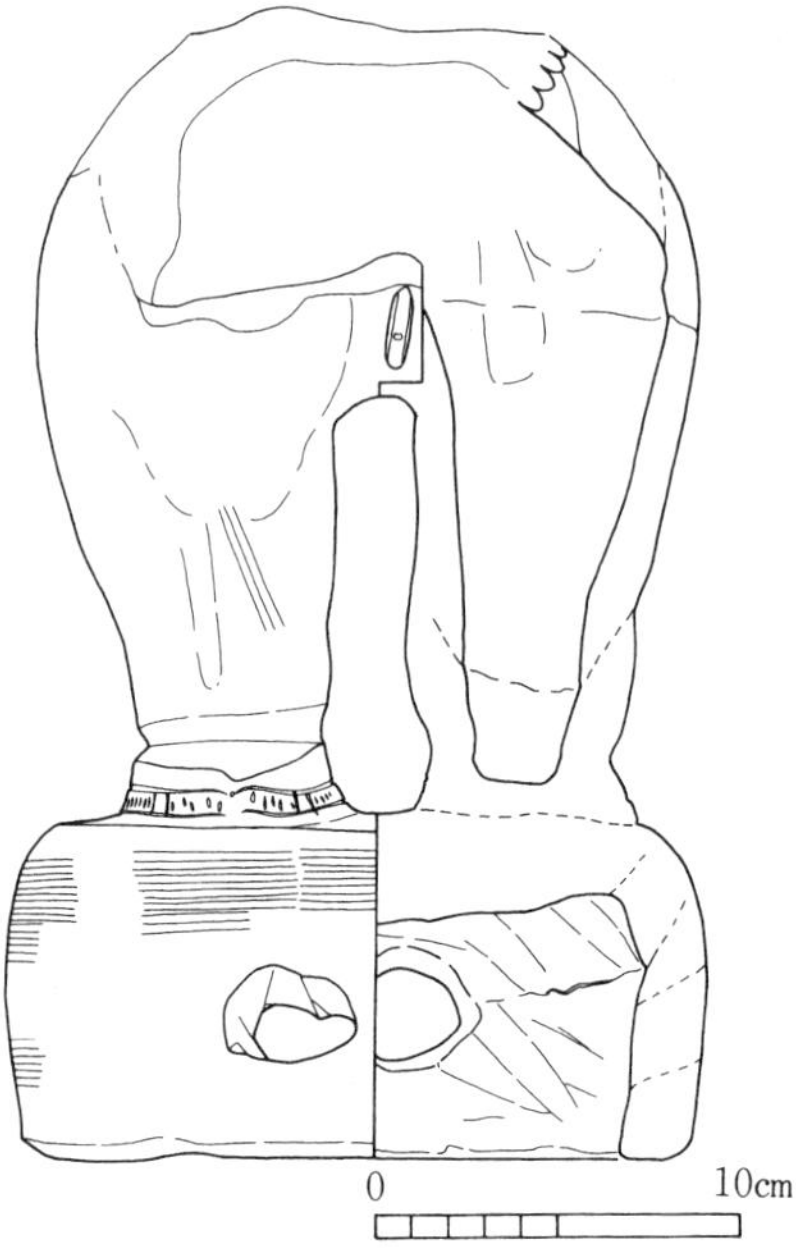

第６図　太夫塚古墳の女性像（下半身）

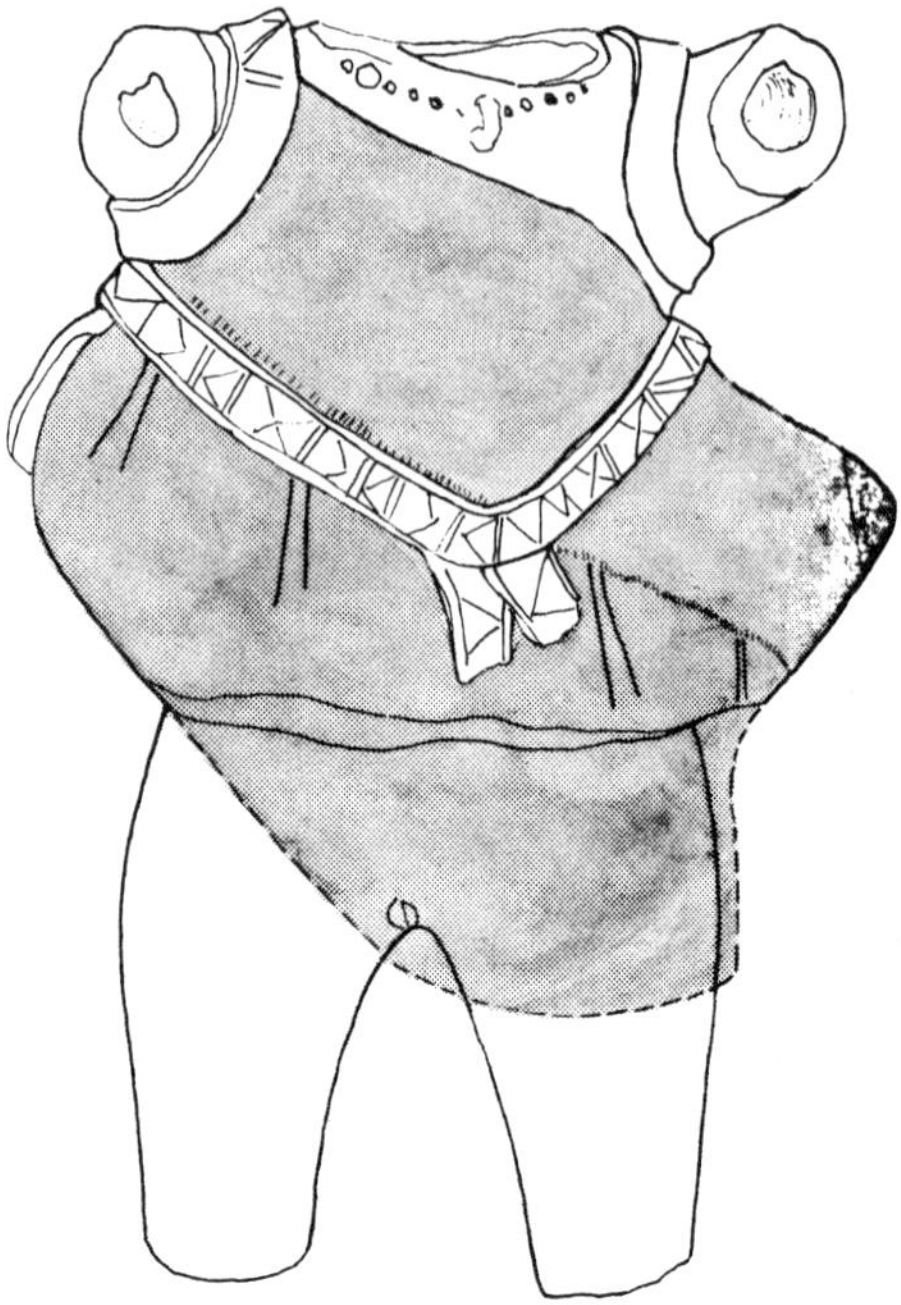

第７図　野畑出土女性像（下半身）

可能性がある。粘土造形物である埴輪は、焼成の前後で赤とか白などの彩色を施すのが装飾の主流と思われていたが、焼成後に有機質の装飾を加えることがあったと考えねばならない。

このような焼成後の有機質による装飾は、人物埴輪に限らず靫埴輪や家埴輪の屋根部分に認められることが多い。

(二) 衣服を着用した裸の人物像

このように、埴輪に土以外の装飾が加えられたこともあったと考えてよいならば、栃木県・鶏塚古墳の女性器を露出する女性像[10]や男根を露出する男性像が裸のままで墳丘に樹立されていたとする理解とは別の想定が可能となる。それは、現在裸に見えるこれらの人物像が衣服を着せられていたとする想定である。

中国大陸・漢の陽陵では男根を表現した木俑が多数副葬されていた[11]。しかし、それらは着用していた衣服の布が部分的に遺存していたから、当初から裸の状態で埋葬されたのではなく、後に裸の状態になってしまったと知られる。

この事例と、埴輪に有機質の装飾が加えられることもあった事例を参考にすれば、鶏塚古墳の二体の裸の男女像は当初から裸の状態で樹立されたのではなかった可能性が高くなる。この二体は鶏塚古墳の他の人物像と比較すると小さいので、他の群像とは違った意味を持たせて製作されたのであろう。

そう考えると、鶏塚古墳の女性像が裸であるにもかかわらず乳房の表現はないという矛盾を解決できる。愛知県岡崎市の太夫塚古墳の女性像⑿（第６図）もまた、極めて小さい。

しかし、宮崎県・百足塚古墳出土の女性像⒀は普通の大きさである。この人物像は性器を表現しているが、上衣を着用したものである点が鶏塚古墳例とは異なる。大阪府豊中市出土の女性像⒁（第７図）も上衣を着用した事例である。裸の人物像とは言っても、東日本と西日本では趣をやや異にする。

このように、裸と言われてきた人物像が古墳では衣服を着用させられていたのであるとすれば、埴輪芸能論⒂にいう裸で登場する田部は再考を要することになる。

註

（１）高橋健自『日本服飾史論』一九二七

（２）後藤守一「上古時代衣服の形式」『日本古代文化研究』一九四二に所収

（３）村井嵓雄・本村豪章「真岡市京泉字シトミ原　鶏塚古墳出土品」『東京国立博物館図版目録　古墳遺物篇（関東Ⅰ）』一九八〇

（４）周錫保『中国古代服飾史』207頁、女図二〇　一九八三

（５）丸子　亘ほか『城山第一号前方後円墳』一九七八　千葉県香取郡小見川町教育委員会

（６）周錫保『中国古代服飾史』237頁、軍図十一　一九八三

（7）梁木　誠・今平利幸『下桑島西原古墳群』一九九二　宇都宮市教育委員会
（8）栃木県立しもつけ風土記の丘資料館『はにわワンダーランド―埴輪に見る下野の古墳文化―』一九九六　栃木県教育委員会
（9）橋本博文ほか『塚廻り古墳群』一九八〇　群馬県教育委員会
（10）佐藤行哉・後藤守一「鶏塚古墳発見の埴輪」『考古学雑誌』第21巻第9号　一九三一
（11）陝西省考古研究所漢陵考古隊編『中国漢陽陵彩俑』一九九二　中国陝西旅遊出版社
（12）斎藤嘉彦ほか『県指定史跡　愛知県岡崎市　太夫塚古墳』一九九一　岡崎市教育委員会
（13）有馬義人『祇園原古墳群3』（国指定史跡「新田原古墳群」史跡整備にともなう発掘調査概要報告書（3）新富町文化財調査報告書　第30集）二〇〇〇　新富町教育委員会
有馬義人『祇園原古墳群6』（国指定史跡「新田原古墳群」史跡整備にともなう発掘調査概要報告書（6）新富町文化財調査報告書　第36集）二〇〇三　新富町教育委員会
（14）藤沢一夫「野畑落カ谷発見の埴輪巫女土偶」「野畑落カ谷発見の埴輪土偶と天宇受売命」『豊中市史　史料編　一』一九六〇
（15）水野正好「埴輪芸能論」『古代の日本　第2巻　風土と生活』一九七一

挿図出典

第1図　周錫保『中国古代服飾史』一九八三。207頁、女図二〇
第2図　丸子　亘ほか『城山第一号前方後円墳』一九七八　千葉県香取郡小見川町教育委員会、109頁第52図、120頁第58図。
第3図　周錫保『中国古代服飾史』一九八三。237頁、軍図十一
第4図　栃木県立しもつけ風土記の丘資料館『はにわワンダーランド―埴輪に見る下野の古墳文化―』一九九六　栃木県教育委員会。30頁
第5図　橋本博文ほか『塚廻り古墳群』一九八〇　群馬県教育委員会。288頁第189図。
第6図　斎藤嘉彦ほか『県指定史跡　愛知県岡崎市　太夫塚古墳』一九九一　岡崎市教育委員会、8頁第7図の1

第7図　藤沢一夫「野畑落カ谷発見の埴輪巫女土偶」『豊中市史　史料編　一』一九六〇、図版第28

第三章　埴輪の製作

第一節　埴輪製作工程の理解と模倣製作

一　窯跡の埴輪と古墳の埴輪

旧石器時代遺跡・遺構の捏造事件以後、考古学の実証的分析研究に対する疑念を社会に生じさせた。実証性に関する反省は考古学に限られるものではないと考えているが、考古資料の属性に対して認識している理解が、真に古代の所作によったものとしてよいのか、より深い検証がのぞまれているのは確かであろう。生産から供給そして廃棄までの過程を追及している点では、埴輪の研究も先行的研究の一つに含まれる。

埴輪は、窯などの製作遺跡には失敗作品などの破片が遺存するだけの場合が多く、製作遺跡で生産した埴輪がどの古墳に供給されたかを指摘できるとしても、それでは一つの古墳に供給された埴輪が何人程度の、どういう組織構成で、どのくらいの期間を要して製作されたのか、と問われると製作遺跡のみの分析では詳細に論じるのが難しい。粘土採掘坑や工房そして窯を備えた製作遺跡(1)は、原材粘土の確保量や活動できた人員数そして焼成に供した窯数と稼動回数に関する情報を提供しても、一基一基の古墳に供給した埴輪の生産に要した労働量や期間を算出できないのである。該当する古墳の埴輪の分析と補完し合う関係にあることはいうまでもない。

一方で、同種多量の埴輪が樹立された古墳であっても、それらの埴輪がすべて一つの製作遺跡で生産された埴輪であるとは限らない。現実には、群馬県の綿貫観音山古墳など大型前方後円墳では複数の埴輪製作遺跡で生産された埴輪が樹立されていた事例[2]がある。供給元の埴輪製作跡が確認された古墳の埴輪もそこがすべての埴輪を供給したか断定できないのである。継体天皇の墓と推定されている大阪府高槻市にある今城塚古墳[3]もそうである。中堤の造り出し部に設けられた家・器財・動物・人物の形象埴輪群は大王墓での形象埴輪配列を初めて明らかにするものとして、注目されている。その中堤には、形象埴輪群を配置した区画とは別に、接して樹立された円筒埴輪列が離れて二列確認された。もし、その二列の円筒埴輪列が中堤全体に存在したのだとすれば、中堤の長さが最短で八三〇ｍあり、二〇〇一年度の第五次調査[4]で確認された二重の円筒埴輪列は一〇ｍ当り内側で二四・五本、外側で二二・五本と推定されるので、総数約三九〇〇本が樹立されたと想定できる。この今城塚古墳の埴輪と同じ埴輪が、近くにある新池埴輪製作遺跡のＣ期の遺構で発見されているので、今城塚古墳の埴輪のすべてかは断定できないが、新池埴輪製作遺跡から供給された埴輪が今城塚古墳に樹立されたと言える。しかし、残念ながら、新池埴輪製作遺跡のＣ期の遺構は窯十基の一部分が調査されたものの、その他の遺構は未調査であり、しかも、Ｃ期は二時期の操業が想定されるというから、今城塚古墳に供給された埴輪の製作に何人程度が、どういう組織構成で、どのくらいの期間関わったかなどは明らかにできない。このように、製作遺跡から古墳に供給された埴輪を詳細に論じるのは難しいことが多い。

したがって、埴輪製作に関わる人数や製作期間と言っても、埴輪製作遺跡の埴輪と古墳の埴輪では意味が異なる。しかし、製作集団の作品群あるいは作者個人の作品群を追究するのであれば、窯などの製作遺跡に遺存した埴輪よりも、同種多量が樹立された古墳出土埴輪のほうが、好資料である。そのため、今までは古墳に樹立された埴輪群の諸属性を分析することから、埴輪製作に関する諸課題を明らかにしようと試みられてきた[5]。詳細な分類と総合化によって、何人の粘土造形者が関わったと推定できるか、さまざまな角度から検討が加えられてきたのもその一つである。しかし、古代の造形者の所作により発現したとする属性に対する研究者の解釈がすべて実証されたわけでもない。また、完成した埴輪に見られる属性は、造形工程の最終局面が残されたのであって、途中の工程は明らかにできないことが多い。そこに、模倣製作を行って埴輪製作に対する理解を深める意味が認められるであろう。

二　製作途中の土の造形物と完成した埴輪

模倣製作は、考古学の基礎的研究方法の一つである型式論から過去の事実を如何に実証的・科学的に理解できるかを再検討する一つの意味ある実験である。

模倣製作の対象となった埴輪は、一古墳に大量に樹立された人工物であるため、現代人が製作者個人の作品あるいは工房の製品群を推定し易い。また、その生産地が判明する場合には、供給先である古墳に樹立されるまでの当時の行動をも追跡できる好資料である。製作実験による模倣埴輪の製作過程とその結果を参考にして、型式設定の基となる各々の属性がどのようにして発現したとみることができるのかを検証し、埴輪分析のさらなる新視点を探ることができる。

現在の埴輪研究においても、造形工程上での実証できないままである未確認点が存在している。そこで、そのいくつかを例示すると、埴輪に残る指紋から利き腕は左と指摘できる場合があるが、単純な円筒埴輪の造形でそれを確認できる現象があるのか。製作する埴輪のイメージは造形者の頭の中と腕によったのか、それとも手本（モデル）があったのか。埴輪は、焼成後には造形時からすると約一割の縮小が認められる。一方、埴輪の胎土は砂をほとんど含んでいないと見えるものから、厚みと同じ大きさの小石を混ぜるものまで差がある。その差異が造形時の作業の難易度そして重量・寸法の縮小率とどう関係しているのか。成形は、まず底部の成形に始まり輪積みあるいは巻き上げで積み上げていったが、その粘土は紐状であったのか帯状であったのか、胎土の断面観察で見える状況が的確にその工程を示しているのか確認できていない。その一方で、途中乾燥が充分過ぎたため、その乾燥面が擬口縁のようになって割れ剝がれた事例もあるが、乾燥し過ぎでその後の工程に弊害はなかったのか。積み上げないし巻き上げ痕跡を消すためになでるなどの表面整形が行われたのであるが、そのなで方向は外面が下から上へ、内面が上から下へということを基本としたとされるその動きが造形上の理由から出る自然な動きであったのか、指導によったのか。口縁部の調整や突帯の貼り付けに、指だけによると見られるものと布使用かと思えるものがあるものの、それを説明できる痕跡が見出せるか。透孔穿孔に竹篦と刀子の二種を用いたことが埴輪に残るその切り込み痕によって指摘できるが、その工具の相異が透孔と周囲に如何に現れるのか。口縁部調整や突帯貼り付けそして外面整形に回転台を用いたかと推定できる場合が埴輪にはあるが、模倣製作でも追認できるのか。そして、異なる形態の埴輪の特定部位に共通した技法や形を見ることが多い場合はそこに分業（合作）があったと認めることが可能か。などの諸点である。

また、模倣製作の結果を参照すれば、一人一人の作品を見分ける視点を得ることができるのか、つまり、個々の造形者が用いた技法で個性がよく出たと考えられる属性が見つかるのか。埴輪の作り方が伝えられるために何を想定すべきか。伝えられてから造形者が熟知製作できるまでにどの程度の期間を要するのか。また、作り方が統一・保持されるにはどういう埴輪製作集団の組織構成がのぞましいのか。などの埴輪研究の課題も模倣製作結果と比較照合すれば参考になる点も多い。

ただし、埴輪の模倣製作は、粘土採掘から古墳での樹立に至るまで行われた埴輪製作過程の、一部の造形段階を対象とするにすぎないので、模倣製作が埴輪造形工程のすべてを明らかにするわけでもない。

三　模倣埴輪製作実験

そこで、粘土造形を主とする模倣製作から、型式設定の基となる各々の属性がどのようにして発現したとみることができるのかを探り、また、埴輪分析に際しての留意点や新視点を探ろうとした実験が行われた(6)。

模倣製作に際しては、群馬県・保渡田八幡塚古墳出土円筒埴輪をモデルにして、古代にあり得たであろう状況を想定し、埴輪製作に関する知識量を違えたグループによって造形作業を行い、その造形工程と焼成後の模倣埴輪の関係を検討した。

円筒埴輪の分析研究に用いる主たる属性毎にその意味する点を整理しておこう。

埴輪の主材料である粘土には、混和材である砂を混ぜたのが、一般的である。砂を混ぜないで作ると造形途中で歪んできたことは充分考えられる。ところが、砂を少ししか混ぜない埴輪も存在するのであり、小型の埴輪造形であるが故に可能であったのか、まだ結論は出ていない。一方で、砂を多量混ぜた埴輪も存在する。大型品の造形には硬めの粘土を用いる必要があったからであろうか。模倣製作では、造形に適してはいなかったようである。また、乾燥段階や焼成段階でヒビを生じることが多かった。砂を多量混ぜた埴輪はその扱いに熟練した造形者が当ったと考えたほうがよい。なお、関東北部の古墳出土埴輪の胎土中に、埴輪破片が破砕されて粒状となって含まれている例がある。造形時、埴輪粒が砂に混じえて粘土に入れられたのであった。おそらく窯での焼成に失敗した埴輪の破片を潰して再利用したものと考えられる。

底部を成形するに際し、幅広の帯状粘土を立てて用いた例があり、それを折り返して二重とした円筒埴輪もある。後者は基部を強固にするためであった。紐状粘土の積み上げのみによる底部を示す円筒埴輪は意外と少ない。模倣製作では帯状粘土を用いた場合、乾燥段階や焼成段階でヒビを生じることがあった。

積み上げ作業について、模倣製作では大型の埴輪でなければ途中乾燥なしで成形を終えた。器壁の薄い埴輪は造形途中で歪み、途中乾燥を行なったものはやはり乾燥段階や焼成段階でヒビを生じた。

積み上げ痕を消すため、指や工具などで消す方向が通常とは逆にしたものがあった。この作業は、技法の伝達が行われていたからこそ、統一のとれた埴輪が存在することを示している。韓国の前方後円墳などに樹立されていた埴輪状土製品は、その伝達が充分でなかったから土器製作の技法を用いた製作がなされたのであろう。

表面に刷毛目を生じる工具による整形調整は、埴輪造形者の異同を論じる同工品論に用いられる。その工具が個人の使用に専属した、つまり、属人性を持っていたのかは、分業なども関連していくつかの場合を想定できそうである。

突帯貼り付けと外面調整の関係については、順序によって第一次調整・第二次調整の区別の根拠とされる。また、突帯間隔を物差しで配分していた痕跡があるから、自由な貼り付けは規範が崩れてから後のことであったのであろう。なお、模倣製作では、突帯貼り付けを一人が担当したため、本体に差があるものの突帯の形状はすべて極めて似た点は注目される。分業を示す事例である。

口縁部の形態に差が認められるのは、個人による調整の差とされることが多い。しかし、技法の伝達が強ければ、集団として近似する口縁部の形態となったであろうことも推測される。

透孔穿孔についても、突帯貼り付けや口縁部成形と同様である。また、突帯貼り付けと透孔穿孔との先後関係について、突帯直下に透孔が接して歪んで穿たれた例は、透孔穿孔が突帯貼り付けより後であったという以外、他は断定できる根拠がない。

造形後に乾燥場所まで移動させるために、円筒をどのように持ったかは、指の痕跡で判断できる。透孔に指を入れた例、外面を両手で挟んだ例、底部と口唇部をつかんだ例など多様である。

四　埴輪造形者とその周辺

模倣製作実験において、個々の造形者が用いた技法で個性がよく出たのは、円筒埴輪内面の調整であった。造形者識別の根拠の一つとし得る属性であると、改めて認識させられた。しかし、利き腕の異なる二人の製品で、それを積極的に示せる根拠は出なかった。もちろん、造形者の性差が現れる部位も出現しなかった。

一方、造形者の熟練化は早く進むものであることが判明した。数本の埴輪を作ることでほとんどの技術を習得できたと推測される。一本の円筒埴輪の製作に要する時間は短縮され、一人が一日で造形できる数は数本を超えるものであったと想定できる。

埴輪の焼成については、模倣製作では的確な指摘はできない。ただ、ひび割れなどの失敗品が生じたのは、乾燥段階や造形段階の作業の失敗が原因していよう。

とくに重要であるのは、乾燥期間の充分なる確保であり、従来の埴輪製作期間に関する考察の中で欠けていたとしなければならない。

ただし、模倣製作の手本（モデル）は忠実に反映された。それは、造形者全員が熟練者でなくとも、一人の熟練者がいて作り方を伝達することができれば、可能であった。福島県・天王壇古墳の埴輪(7)は、女性や馬の埴輪が小さく、普通の埴輪より稚拙な埴輪と見える。埴輪製作法による埴輪というよりは土師器製作法による埴輪と呼べる。おそらく、土師器を作っていた人たちが急遽埴輪作りに駆り出されたためにこういう埴輪ができあがったのだろう。同じ古墳にはしっかりした動物埴輪もあるので、普通の埴輪製作を熟知した造形者もいたはずである。

註

（1）大塚初重・小林三郎『茨城県勝田市馬渡埴輪製作遺跡』一九六八

（2）梅沢重昭ほか『綿貫観音山古墳』二〇〇三　群馬県教育委員会

（3）『今城塚古墳』高槻市教育委員会

（4）高槻市教育委員会『第５次今城塚古墳の調査　現地説明会資料』二〇〇一

（5）吉田恵二「埴輪生産の復原」『考古学研究』第19巻第３号　一九七三

（6）小林三郎・岡内三眞ほか『第3回　大学合同考古学シンポジウム　埴輪を見分ける　予稿集』二〇〇二　大学合同考古学シンポジウム実行委員会
（7）山崎義人『天王壇古墳』一九八六

第二節　埴輪製作の作業期間と補修

一　埴輪の小さな孔と穴

粘土造形物ではあるが中空の埴輪には、貫通している大小さまざまな孔が開けられている。家埴輪には窓や戸口を表現した方形の孔があり、人物埴輪に目や口の形をした孔があるのは、形象埴輪として不可欠の造形上の要求からであった。その他の部位に開けられた孔は、時には指を入れて埴輪を持ち上げる際にも使われた。孔の上辺に指の痕が残っていて、それを示している。ところが、その用途にも適さない直径一㎝前後の小さな孔が、人物埴輪の脇や馬など四本足動物の胸や脚に開けられていることがある。その用途は、乾燥段階に重要な役割を果たしたと考えるべきとされる(1)。ゆっくり時間をかけて完全な乾燥を期すためには、埴輪の小さい孔から少しずつ水分が外へ抜けていくほうがよく、この小さな孔でも乾燥させるには充分であるらしい。

模倣埴輪製作実験においても、粘土造形物である埴輪の製作には、乾燥が重要であり、それを完全にするためには、二か月間以上の日数を必要とした。埴輪製作を完成させるまでには、乾燥期間を充分考慮しなければならなかったのである。

だから、乾燥期間中の埴輪管理も重要な仕事であった。奈良県・石見遺跡出土の家埴輪(2)には、屋根下方の庇部分の各辺に二個の孔が貫通している。貫通しているばかりか、その庇の下の壁に突き刺さるような方向であり、壁にも穴（以下、孔は貫通しているもの、穴は粘土の中で停まっているものとして、区別した）がある。これらの孔と穴は装飾用よりも、家の四壁本体とその上に載せた屋根が乾燥中に捩れるのを停めるために棒を差し込んだ時のものと考えたほうがよい。

このような製作過程で必要が生じて開けなければならなかった穴はまだ存在する。人物埴輪の上腕部の下面に小さい穴が開いている例は、粘土が乾燥して固まるまで腕を固定しておく支え棒が、腕と胴体にかけて差し込まれた痕跡と考えてよい。さらには、表面からは見えない部分に穴が開いていることがある。人物埴輪の腕が中空でなく粘土棒でできている場合、胴体に腕を取り付けるに際し腕の根元に木の棒を差し込んでその棒をそのまま胴体に接合した事例である。乾燥後にそのまま焼き上げると、棒は燃えてしまい刺さっていた棒の痕跡が穴として残る。埴輪の粘土の中に残る穴である。

二　埴輪の修理

群馬県藤岡市・猿田埴輪窯跡の失敗品捨て場である灰原で発見された埴輪に馬埴輪の首部分があって[3]、まるで首を切ったように割れていた。その切り口のような割れ目に別の粘土が貼り付けられていたのである。おそらく、造形時にその部分でひび割れが生じたため、割れ目に粘土を塗り付けてヒビ割れを埋めたのである。しかし、乾燥までは形を保ったけれども、窯に入れて焼成したら、やはりその部分から割れて馬の首が落ち、完成に失敗したのであろう。造形中の修理を示した事例である。

群馬県藤岡市・七輿山古墳に樹立された円筒埴輪の基部にも修理の痕跡を見せる例がある[4]。大型の円筒埴輪の基部に、底部から割れ始めたひび割れの先端に丸い棒で刺突して孔を開けたものである。大型であるが故にその自重で乾燥中にひび割れが生じたのである。その先端部への刺突で進行が停止したのである。こういう例は他の事例でも見られるが、ひび割れが生じることを予測できたのか、底部にわざとT字形の切り込みを入れて、ヒビの発生を予防している事例もある。ひび割れの進行を止めるのではなく、そのひび割れを粘土で埋めている上述の事例は、あまり効果がなかったようである。常に粘土を用いて埴輪造形を行っていた古墳時代人は、経験からひび割れを止める方法や簡単に修理する方法を習得していたようである。ただし、ひび割れの進行がその方法でなぜ停止するのか、その理由はまだ検証されていない。ここでも、乾燥中の管理が重要であったことを知るのである。

三　埴輪の納入期限

このような修理が行われた事例は、粘土で造形する時間に余裕があるのならば、造形途中で失敗したらやり直せばよいはずである。しかし、そうではなくて修理したのであるから、やり直す時間的余裕がなかったとみたほうがいい。失敗作は、造形時だけでなく焼成時にもある。群馬県藤岡市の本郷埴輪窯跡で発見された埴輪片には、焼き過ぎた失敗品がある。(5)胎土が発泡して空洞が多く含まれる灰色の埴輪片であり、中には歪みすぎて口唇部と底部が接合してしまった円筒埴輪があって、完全に形を崩してしまったことがわかる。

埴輪窯の温度が上がり過ぎて、埴輪の粘土が発泡してしまったのである。この本郷埴輪製作遺跡は、東日本でも埴輪樹立がもっとも流行した群馬県西域に所在する埴輪の供給元の遺跡であり、当時は二〇基をこえる窯が稼動していたとされる。つまり、埴輪生産において中枢の遺跡であり、集中的かつ大規模に操業していた集団が存在した場所である。粘土造形に関わる技術はもちろんのこと、焼成技術にも秀でていたと想定される。にもかかわらず、このような失敗作品ができてしまったのである。その失敗がこの地での操業開始時であったのかはまだ明らかでない。しかし、おそらく最初からこの集団は埴輪製作技術に習熟していたはずであるが、粘土の耐熱性か窯の温度調整法を熟知していなかったのであろう。ここでその原因を詳細に検証できないが、焼け過ぎた埴輪に注目したい。
こういう歪んだ円筒埴輪も古墳に樹立された例があるという。[6] 失敗作であっても古墳に樹立しなければならなかった、つまり、作り直さないで失敗作品も古墳に持ち込んだという事実は、埴輪の製作から古墳への樹立にそれほどの時間的余裕がなかったことを示している。これは、埴輪は発注を待って製作が始まったのか、それとも、需要がなくても作っていたのかという課題に対して、前者のほうが可能性として高いことを示唆している。

埴輪の研究では、発注がなされてから埴輪の製作が始まるのか、それともある程度の数を作っておいて発注があったらそれを運び出していったのかが未解明である。この失敗作品樹立の例は、受注してから埴輪の製作を開始したと想定させる。埴輪を作りおいたかどうかは不明であるが、古墳以外の場所で、一か所に集中して埴輪が置かれた例は少ない。つまり、商品のように予め製作しておいた埴輪が古墳に供給されたと積極的に証明できる事例はまだ確認されていないのである。

受注して埴輪製作を始めてから何日間で製品を納入できるか、模倣埴輪製作実験を参考にすれば、数が少なければ造形作業にはそれほど日数はかからないようである。仮に六〇本の円筒埴輪を受注したとして、粘土造形に一人一日六本かかるとすると、一人では一〇日間、二人では五日間ででき上がる計算になる。焼成は、一基の窯に二〇本は入るから三回で済む。したがって、埴輪製作の開始から納入までにそれほどの期間を要しなかったように考えられ易い。しかし、数は少なくても乾燥期間は短縮できないのであり、天候障害があった場合は納品期日に遅れることもあったのであろう。それが失敗作品も含めて出荷した事情であると推測できる。

註

(1) 大川　清氏のご教示による。壺などを乾燥させるには、裸電球を点けて中に吊り下げ、ゆっくり乾燥させるのが一般的に行われているという。
（２）国立歴史民俗博物館編『はにわ―形と心―』二〇〇三　朝日新聞社。49頁で解説している。
（３）杉山晋作ほか「猿田Ⅱ遺跡の調査」『国立歴史民俗博物館研究報告』第120集、二〇〇三
（４）国立歴史民俗博物館編『はにわ―形と心―』二〇〇三　朝日新聞社。48頁で解説している。
（５）国立歴史民俗博物館編『はにわ―形と心―』二〇〇三　朝日新聞社。48頁で解説している。
（６）志村　哲氏のご教示による。

第三節　埴輪造形者の識別

一　埴輪造形者たちの個人

埴輪製作では一人の造形者が複数の埴輪を製作した。したがって、製品としての埴輪は似た形態を示すこととなった。古墳に樹立された数十本・数百本・数千本の円筒埴輪が何人の手で作られたのかという課題を解決するためには、一人の造形者による作品がどれであるのかを見極める必要がある。簡単なようであるが決定的根拠を提示することは実は難しい。そのため、今までに詳細な分類研究が数々行われてきた。それでも、すべての埴輪に適用できる個人特定の根拠は提示できない。それは、古墳時代の埴輪造形者が日本列島各地で多数活動し、それぞれに固有の造形活動をしていたのであるから、固定した根拠でもって埴輪作者の個人を特定するのが困難であるのは充分理解されよう。一人の造形者が製作する埴輪はそれぞれに個性があるはずだが、その個性を埴輪の属性から抽出し一つずつ完全に識別分離するには時間を要する。埴輪造形者個人を識別できれば、埴輪製作に関するより深い研究が進展する。そのた

め、同工品論と呼ばれる個人作品抽出の研究が行われてきた。関東では、犬木努による研究[1]から本格化し、近年では小橋健司[2]や城倉正祥[3]らも積極的に研究を展開している。

ここでは、それらとは異なる絶対的な個人特定を行える方法を呈示しておく。それは、埴輪に残る指紋を活用することである。指紋が埴輪の各所に残ることがある。円筒埴輪では、成形時に底部近くの内側で粘土を押さえた指先の跡が、また、円筒埴輪を移動させる時に透孔に指を入れて持ち上げた時の指跡が、円筒埴輪の口唇部をなでて調整した後に離れる指先の跡が、さらには、突帯を貼り付ける時に片手を内側に入れて押した指跡が、それぞれ残っている。

二　指紋利用の工人識別

指紋には二つの特性がある。別人による二個の指紋が一致する可能性は多く見る説でも六四〇億回に一回で、一〇指の指紋が一致する可能性はさらにその一〇乗回に一回であるとされる万人不同の特性と、一時期に磨耗することはあっても生涯同じ指紋が再生され続ける終生不変の特性である。その指紋を埴輪から採取できれば造形に関わった工人をほぼ確定でき、個人を識別する手段の一つとできる。

埴輪に残る指紋は物体に印象された顕在指紋でありながらこれを利用した研究は進まなかった。潜在指紋を検出する従来の方法が埴輪からの指紋採取に適用できなかったためよりも、埴輪の粗雑な表面や見えにくい内面から鑑定に供し得る指紋を採取することが今まで困難であったためである。最近は、鑑定に供し得る指紋を写真などの画像として、また、直接的転写法で抽出することが可能となってきた。埴輪の指紋鑑定には、一つの指紋やその部分でもよい一指指紋法を用いる。この指紋法では、一本の指先の全範囲に見られる指紋の特徴点数、現代人では一〇〇を超えるという数の約一割が合致すれば、確率上はその二つの指紋を同一とみてよいとされる。したがって、指先の一部範囲であっても同部位の指紋が残っていれば比較できる。埴輪のように作品の類似性が予め指摘できるものは同一指紋の候補資料を選定し易い利点がある。また、工人の識別には指先の指紋だけでなく、指の関節部の節紋や手の平の掌紋も利用できる。なお、指紋の直接的転写には複数の方法があって胎土や焼成の度合に適した方法を選択するが、その選択を誤ると指紋を消滅させるので慎重な対応を必要とする。埴輪では再検証が可能な、非破壊による指紋採取を行わねばならない。ただし、すべての埴輪に鑑定可能な指紋が残っているのではない。

三　指紋が指摘する諸点

(一) 円筒埴輪の事例

茨城県ひたちなか市・鉾の宮古墳群出土埴輪と馬渡埴輪製作遺跡出土埴輪を調査した。埴輪製作地での指紋と、埴輪樹立古墳での指紋が一致すれば、一人の造形者の作った埴輪がどの古墳に運ばれたかを証明できるからであった。その結果、一基の古墳出土の別個体の二つの埴輪片に、一人の造形者の同じ指の指紋が残っていた。その指紋は、文様をかたちづくる隆線という皮膚の細い線が鮮明に見えるばかりか、汗腺という汗が出る穴も見える良好なものであった。この指紋は、円筒埴輪の中段にあけられた径五㎝ほどの透孔の横についていた。その指紋は指先が下方向を向いていた。この指紋は、埴輪が生乾きの時に動かす必要があって透孔に指を入れて持ち上げたが、孔に入りきらない指が外に出ていて付いたものであった。その状況を復元すると、右手の人指し指と判断された。指紋を残した指がどういう方向に置かれたかを判断し、その行為も推定できる方法であった。

指紋は埴輪にだけ残っているのではない。土師器や須恵器にも残っている。かつて、土師器や須恵器に残る指紋を研究しようとされたことがある。その目的は男性と女性のどちらが土器を作っていたのかを知ろうとしたことにあった。しかし、指紋では男女を断定することができないとされる。指紋の終生不変という特性と、万人不同という二つの特性を利用した結果を得ようとする指紋研究でなければ意味はないのである。

鋅の宮一号墳[4]に樹立された円筒埴輪は、遺存した基底部破片では八本以上としか推定できないが、口唇部破片からは三〇本以上であったと判断される。出土した円筒埴輪の基底部の製作法は二種以上あると認められる。そのうちの特徴的な技法の一種に基底部となる粘土板を折り曲げて二重にするものがある。この技法は馬渡埴輪窯跡群[5]出土の埴輪にも見られる。底面を分厚く強固にするために行われた技法であろうが、その折り重なる部分を手の平で押さえたので、円筒埴輪基底部の内面に掌紋を残していることがある。左右両手のいずれを主に使用しているかの判定が可能であり、遺存がよい掌紋同士であれば工人の異同を確認できる。掌紋も粘土造形の初期段階である成形作業に関わった工人の識別に利用できよう。

同様に、円筒埴輪内面の粘土紐積上げ痕を指先でなで付けて潰して平滑に整形するものがあって、指先痕が残る。しかし、粘土造形の最中であるため、指紋は潰れていることがほとんどである。稀に、消されなかった積み上げ時の指紋や外面整形時に内側を支えた指紋が残る。これも成形作業に関わった工人の識別に利用できよう。

さらに、下から二段目に穿たれた透孔の上位に指の節紋を残す埴輪がある。外面整形の透孔穿孔後に埴輪を動かす必要が生じて持ち上げる時に、二段ある透孔のうち下段の透孔に両手の示指・中指・環指のうち二本ないし三本を入れて円筒埴輪を持ち上げたものであり、その時に付いた節紋である。その時、転倒を防ぐためにその他の指を透孔脇の外面に添えることがある。鋅の宮一号墳の円筒埴輪片から、透孔の右脇外面に指頭を下に向けた同一と断定できる指紋が付いた二片を検出した（写真１）。蹄状紋であり、普遍的な乙種であれば左手の環指の指紋で、珍しい甲種であれば右手の示指の指紋となる。この二片は、胎土も外面整形用工具も同じだが工具痕の深さの違いから別個体と判断される。正確に言えば、同一人物が二つの埴輪を持ち上げたのであるが、外面整形直後の、粘土がまだ柔らかい時点に付いた指紋であるから、外面整形もこの人物が行った可能性はある。そうであれば、円筒埴輪の外面整形に使用した工具やその他の技法を抽出比較して工人識別に迫った下総型埴輪に関する研究成果[6]で指摘されたような、一人の工

円筒埴輪Ａ

円筒埴輪Ａの指紋位置（85％）

円筒埴輪Ａ（上）と円筒埴輪Ｂ（下）

円筒埴輪Ａの
直接転写指紋
（1.7倍）

円筒埴輪Ａの指紋写真（拡大）

円筒埴輪Ｂの指紋写真（拡大）

写真１　同一指紋のある円筒埴輪片（鉾の宮１号墳出土）

人が一つの工具を使用して外面整形をした例が、ここでも存在したと言えよう。ただし、成形作業に関与した人物と外面整形に関与した人物が同一人であるかは、まだ確認できない。

しかし一方で、一つの透孔の上位に複数人のものと推定してよい節紋が残る破片も存在した。一個体の造形作業から乾燥前までの間には複数の人物が関与することもあった例を示している。しかも、その複数人は男性と女性の可能性がある。それは、二者の間で隆線間隔が明らかに異なっているため、一方が女性の節紋と推測できるという。男女の性別を指紋で断定することはできないが、同一部位に残る指紋に明確な相異がある場合には、多数の指紋鑑定経験に基づく推定が可能である。ここでは成形作業段階に付いたと見られる指紋には女性と推測できるものがまだ見つからないので、整形作業直後の円筒埴輪を、例えば乾燥場まで動かした人物に女性がいたと考えられよう。埴輪製作に女性も加わるような家内作業的な形態を見ると言えるか、指紋は埴輪製作集団内の役割分担を推測する補助手段ともなり得るのである。

(二) 人物埴輪の事例

鉾の宮一号墳では男女二体の人物埴輪が樹立されていた。肩と腕の接合部や頸と頭の接合部に残る指痕からは、拇指を肩の内側に入れて造形する指の使い方や、手首側から指を使う中空腕の二段階製作法が判明した（写真２）。通常の人物埴輪製作は、胴体の首付け根部分に頭部をのせる大きい穴と、肩部分に腕をとりつける小さい穴が開いていて、別に作っておいた腕を肩の穴にもっていき首の穴から造形者が手を差し入れて内側から腕と肩を接合する。だから、この方法を使うと、腕の付け根は肩のほうから手先に向けて造形者の指が使われているはずである。ところが、腕の付け根の内側に残る造形者の指方向は手首から肩方向に向かっていた。通常の方法とは逆に指が動いたことになる。その接合技法は、手首がついていない筒状の腕を肩の穴にもっていき手首のほうから造形者が手を差し込んでくっつけ、その後、埴輪の腕に手首を差し込んで腕を完成させたのである。想定していなかった腕の接合法が指紋でわかっ

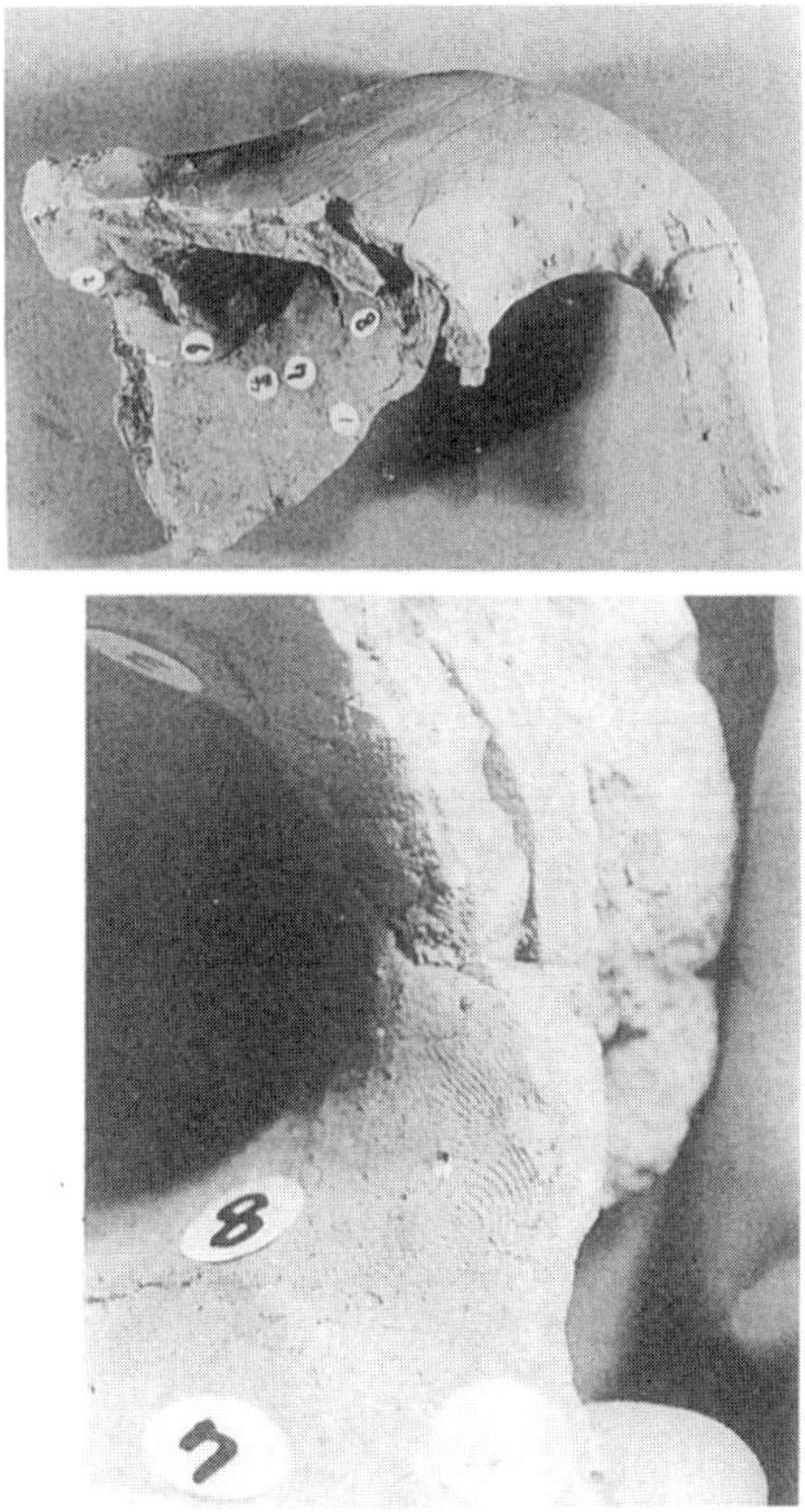

男性埴輪腕の指紋位置（上）と一部の指紋（下）

直接転写指紋
（1.7倍）

指頭

円筒埴輪Ｃと指紋位置（２側面）

写真２　円筒埴輪Ｃと男性埴輪腕（鉾の宮１号墳出土）

た。

指紋を利用する研究は、同一人の作品を探すことだけにあるのではないと理解できる事例である。

また、女性埴輪に鑑定可能な指紋が残っていなかったため、男女二体の埴輪を製作した工人の異同は指紋では判定ができない。しかし、男性埴輪の内面には男性の左手と推定される指紋が多く、女性埴輪の内面には右手の指紋が多いという相異を認めたので、識別に供せる明瞭な指紋の遺存がないけれども、この二体の埴輪を製作した工人は別人であった可能性がある。同じような形の埴輪でも、内側に残っている指紋とくに同じ部位に残る指紋は造形者が指を同じように使ったのであろうから、異なる個体の同じ部位に残る指紋が同一でないと判断できれば、それらは別人の作品である確率が高い。

千葉県我孫子市・高野山1号墳⑦の人物埴輪の首飾りを表現した小円板にも貼り付け時の指紋が残る。指の特定はできないものの、拇指で押し付けるのが常識的動作と想定すると、指頭が人物埴輪に面して右向きであることと指紋隆線の特徴により、左手を使用したかと推測できる。

千葉県横芝町・殿塚・姫塚古墳⑧の複数の人物埴輪には、頭部と胴部を接合した際に印象された複数の指紋が同じ内面部位に残る。作風が似た人物像でありながら、一体は渦状紋であり、もう一体は蹄状紋であるので、少なくとも接合造形作業にあたった工人は別人の可能性が高い。このように、同じ作業段階での工人が別人であることを推定できる場合もある。

ところで、鉾の宮一号墳の埴輪は馬渡埴輪窯跡群から供給されたかと推測されている。鉾の宮一号墳の男性埴輪の腕内面に残った指紋は渦状紋であり、それによく似た渦状紋を馬渡埴輪窯跡群B地区出土の円筒埴輪外面に残った指紋に見るが、残念ながら遺存範囲の重複がほとんどなくて判定は避けねばならない。正確には、鉾の宮一号墳に樹立された埴輪の工人と馬渡埴輪窯跡群で埴輪製作活動に従事した工人が同一人であることを裏付ける同一指紋はまだ検出できていない。指紋は、粘土造形を担当した工人の同一作品を抽出することに有効であるが、生産地については工人の移動製作が想定されるから、指紋だけで古墳出土埴輪の生産地が確定できるのではない。考古学的分析や胎土分析も併用する三者の協業があって、初めて生産地と供給先が確定的となる成果が得られよう。

さて、鉾の宮一号墳の埴輪には、指痕は鮮明に残るものの指紋は残らない例がある。その場合は、健康な工人であれば指紋間に粘土が詰まったためか、指先が磨耗していたためであると解釈される。一般的には、粘土を使う作業の従事者は指紋が磨滅することを考えねばならないとされる。にもかかわらず、一方では明瞭な指紋が残る例もある。明瞭な指紋の存在は、工人が初めて作業に関与することとなったか、それとも粘土が付いた手を洗って作業を再開したかのいずれにしても、隆線の磨耗していない人物がいたことを示している。隆線の磨耗していない工人がいる理由として二つの可能性を想定し得る。一つは、埴輪製作には作業分担があって、指紋の磨滅していない工人は指先が磨耗しない作業に関わっていたとする考えである。その関与が隆線をそれほど磨耗しないものの、粘土造形の重要段階の作業に対するものである場合には、その工人に指導者的地位を想定できよう。徒弟制に似た階層性が埴輪製作集団に存在したと見ることになる。もう一つは、指紋の磨滅していない工人は一定期間、埴輪造形作業に関与していなかったとする考えである。粘土造形作業には隆線の磨耗を伴うのが一般的な在り方であるから、以前に工人が埴輪製作に携わって隆線を一度磨滅したとしても、その後に隆線をつくる表皮層が再生されるまでには一定の期間を要したとしなければならない。指紋の再生期間中その工人は粘土造形作業を中断していたのであるから、埴輪生産活動に交替制が存在したか、この地での埴輪生産そのものが年間を通した恒常的作業ではなかったかと理解される。後者の場合の作業再開時期の一つを推測するに、円筒埴輪の基底面に印象された稲穂の存在が参考となろう。

埴輪製作が専門の造形者によって常に行われていたか、農業などをする一方で季節的に製作したのか、生産の操業と組織に関わる重要な課題に、指紋が手がかりを与えてくれる。一か所で大規模な操業を続けた群馬県などの埴輪製作遺跡で発見された埴輪には、指紋の残っているものが少なく、小規模な埴輪製作を各地で行った千葉県北部などの埴輪には指紋の残るものが多いという傾向を見ることができる。

以上に紹介した諸点のほか、遠隔地からの技法導入に関係した工人の抽出、埴輪工人が作業に従事した長期間での作品差の指摘、埴輪工人の集団構成における近親関係の有無の想定など、今後追究すべき課題についても、指紋はその解明に有効な手段の一つとなろう。

指紋がすべての埴輪に残っているわけではない、として関心を示さない研究者もいる。しかし、古墳時代の暦年代を推定するに使用できる資料が如何に少ないかを考慮すれば、わずかでも残った指紋から課題解決策を導ける可能性を無視すべきではなかろう。

なお、細部の特徴が印象された良好な指紋が残る場合もあり、それを磨滅させないために出土後の水洗作業段階では必ず柔らかい筆などで泥を洗い落とす配慮が必要であること、また、接合復元を完了する前の指紋採取がのぞましいことを、付記しておく。

註

（1）犬木　努「下総型埴輪基礎考―埴輪同工論序説―」『埴輪研究会誌』第1号　一九九五
（2）小橋健司「山倉一号墳出土埴輪から見た生出塚遺跡―同工品論が映す埴輪生産プロジェクトの一例―」『埴輪研究会誌』第9号　二〇〇五
（3）城倉正祥「同工品分析による埴輪製作組織の復元」『埴輪研究会誌』第9号　二〇〇五
（4）大塚初重・川崎純徳ほか『鉾ノ宮古墳群発掘調査報告』　一九七二　勝田市教育委員会
川崎純徳・鴨志田篤二ほか『鉾の宮古墳発掘調査報告書』　一九八三　鉾ノ宮古墳調査会
（5）大塚初重・小林三郎『茨城県馬渡における埴輪製作址』　一九七六　明治大学文学部考古学研究室

（6）犬木　努「下総型埴輪基礎考―埴輪同工論序説―」『埴輪研究会誌』第1号　一九九五
（7）吉田章一郎「高野山1号墳」『我孫子古墳群』一九六九　我孫子市教育委員会
（8）滝口　宏『はにわ』一九六三　日本経済新聞社

第四節　埴輪造形者集団の構成変化

この課題に関する研究はまだ進んでいない。というよりも、その前段階の研究である同工品論が展開中であり、そこでの埴輪造形者の個人抽出が成功しないと、集団の構成変化までは到達しないからである。

今進められている同工品論は、各古墳に樹立された埴輪群を分析し、それらを製作した造形者グループの中に主導的役割を果たした層と補助作業層があると仕分けし、彼らが古墳毎に如何に交替していたかを検討している。その作業が、年月の経過に伴って展開する埴輪製作集団の重層的活動を明らかにするものと期待している。また、埴輪製作集団の交替が如何に行われたのかも興味深い課題である。

九十九里沿岸地域では、現利根川流域に展開する下総型埴輪の技法が入ってくる。どういう形で山武型埴輪製作集団に組み入ったのか、活動領域の交錯する地域での交流を明らかにする必要がある。一方では、それまで製作されていた特徴ある埴輪が生産を停止する現象も存在する。如何なる事情があって、形態の異なる埴輪が製作されるに至ったのか、これも集団内で主導的役割をもつグループの製品を抽出することで、進むべき方向が出されるであろう。

地域においては、遠隔地からの別系統の埴輪製作集団が導入される場合がある。それまで活動していた集団との関係がその後にどう展開していったのかも、明らかになってこよう。

第四章　埴輪の運搬

第一節　集中製作地からの埴輪輸送

一　群馬県・藤岡産埴輪の製作と供給

群馬県藤岡市・本郷埴輪製作遺跡は、東日本でも埴輪の樹立がもっとも流行した地域である群馬県の西域で、埴輪の供給元の遺跡として著名であり、当時は二〇基をこえる窯が稼動していたとされる。つまり、群馬県西部における埴輪生産の中核遺跡であり、集中的かつ大規模な埴輪生産と窯操業を行った集団がこの地に存在した。この集団は、粘土造形に関わる技術はもちろんのこと、焼成技術にも秀でていたと想定される。この大規模な埴輪製作遺跡で製作した埴輪が近隣地域の古墳に運ばれていた。

もう一か所、群馬県藤岡市には猿田埴輪製作遺跡がある。本郷埴輪製作遺跡が神流川に形成された河岸段丘に占地しているのに対し、猿田埴輪製作遺跡は鮎川により形成された河岸段丘に占地している。本郷埴輪製作遺跡に匹敵する埴輪生産を誇っていたと想定される。

これら二つの窯跡で生産された埴輪は、胎土に結晶片岩と白色海綿骨針化石が共通して含まれているという特徴があり、藤岡産埴輪と呼ばれる。この埴輪胎土の特徴をもつ埴輪の分布から、供給先が特定できる。藤岡産埴輪を樹立した代表的古墳を整理した志村哲[1]は、もっとも古い五世紀後半の群馬町・保渡田八幡塚古墳[2]に見られ、次いで六世紀前半に導入された安中市・簗瀬二子塚古墳[3]や藤岡市・七輿山古墳[4]そして綿貫観音山古墳[5]など首長墓にここの埴輪を供給したと指摘した。それも主要な大型前方後円墳において大多数の円筒埴輪・形象埴輪は本郷埴輪窯・猿田埴輪窯の製品が占めているとも分析した。

本郷埴輪製作遺跡や猿田埴輪製作遺跡は、川にも近く、粘土や水の確保が容易である。埴輪を運ぶことに関して言えば、舟を利用できるから川の近くに窯のある方がより適している。

二　立地と運搬手段

千葉県木更津市にあった畑沢埴輪窯[6]は、海に近いとはいえ海岸線からかなり山側へ入り、しかも、高所に作られていた。近くの小川は窯よりはるか低い所に流れている。畑沢埴輪窯の場合、粘土と薪は入手し易かったが、水の確保と埴輪の搬出は困難であったと思われる。埴輪を樹立するべき古墳が近くに存在するのならともかく、かなり離れた内裏塚古墳にも埴輪が運ばれたのである。

群馬県や埼玉県にある埴輪製作遺跡で大規模かつ集中的な生産が行われているものは、川の近くに位置していることが多い。逆に、窯の数が少なくて、出張製作であったかもしれない製作遺跡は、輸送が困難な地域に多いと言えそうである。しかし、後者の一例である下総型埴輪については霞ヶ浦や印旛・手賀沼そして古鬼怒川の縁辺に分布するのであるから、輸送が困難であったとは考え難く、輸送の問題と生産の規模がすべての例で相関していたとは言えない。

埴輪の輸送は、舟が主となる水運によったと想定することが多い。しかし、輸送手段は他に馬もあるし人もある。現段階では、これらの輸送手段が何であったのか証明できていない。

三　埴輪製作地と粘土

埴輪の運搬という課題を追究していく前に確定しなければならない前提がある。それは、埴輪がどの製作遺跡で作られたのかを明確にすることである。埴輪製作遺跡と古墳から出土した埴輪の形や作り方が似ているというだけでは、それが同一造形者の作品であると言えても、製作した場所が同じであるということにはならない。同一人が別の場所で製作したことも充分考えられるからである。だから、埴輪の造形に使った粘土が同じであることも証明しなければ、製作した場所が同じであるとは言えない。ところが、粘土も出張先の製作場所へ運ぶことが可能である。現に近世では那須小砂の陶土が水戸へ運ばれ御用陶器の原料とされた。だから、厳密に言えば、粘土の産地が同じでも埴輪製作場所が同じとは言えないのである。埴輪製作場所の特定は、それに加えて窯が発見されなければ困難である。

しかし、研究の現状は、肉眼観察による粘土や色調の比較で埴輪の製作地が推定されている。現段階では、その方法に頼ることもやむを得ない。しかし、自然科学的分析を加える際に留意しておかねばならない点がある。例えば、特定の埴輪製作遺跡で生産された埴輪は赤い色調を特徴とするのは、粘土に鉄分を多く含んでいるからである、と指摘できる場合がある。しかし、自然科学的な方法で分析をすると、表面が黒色や茶色を呈する埴輪も赤い色調の埴輪と同じ比率の鉄分を含んでいることがある。その場合は、焼成方法に相異があったことを考慮しなければならない。また、埴輪に使う粘土の産地を元素分析比較で推定する方法が用いられることが多い。埴輪の粘土は、粒子が細かいものだけを使用するのではなく、砂や石を混和材とする。だから、各地域に特有の岩石や鉱物が埴輪の粘土に含まれていれば、その地域の窯の製品に用いた粘土を推定することができ、それが埴輪製作集団の用いた粘土を確定することにつながる。この鉱物組成比較法は有効である。

四　遠方への埴輪提供

継体大王の墓と考えられている大阪府高槻市にある今城塚古墳の埴輪を元素分析し比較したところ、奈良県天理市・西山古墳の埴輪と似たデータが得られた。これを根拠に、白石太一郎[7]は、西山古墳は継体大王妃である手白香皇女の墓である可能性が高く、継体大王墓とは離れた遠くに手白香皇女墓があっても、夫の墓に立てた埴輪と同じものを妻の墓に運んだという説を出した。しかし、その後、奈良市でも埴輪製作遺跡が調査され[8]、そこの埴輪を分析し元素を比較した結果、西山古墳の埴輪は大阪府今城塚古墳の埴輪より、奈良市・菅原東埴輪製作遺跡の埴輪のほうが、近いということになった[9]。この事例では、その根拠とした埴輪分析結果の適応性が弱くなってしまったが、埴輪が遠方へ運ばれるには婚姻関係や血縁関係が背景にあった、とする白石説は極めて魅力的である。白石仮説は次の事例の背景を考える上で重要な指摘であると考えている。

それは、埼玉県鴻巣市の生出塚埴輪製作遺跡で作られた埴輪が、千葉県市原市の山倉一号墳へ運ばれたという事象[10]に関係する。当時の支配者の領域を越えた地域にまで埴輪を供給するという背景にはそれなりの特殊事情を考えなければならないからである。坂本和俊は、武蔵国造と上海上国造は同祖関係にあり、上海上国造の支配領域に隣接して存在した菊間国造が武蔵国造家の出身であるという「国造本紀」の記事を根拠に、山倉一号墳は菊間国造の支配領域にあり、その血縁関係をもって埼玉県鴻巣市の生出塚埴輪製作遺跡で作られた埴輪が、千葉県市原市の山倉一号墳へ運ばれたと考えた[11]。しかし、武蔵国造家の墓域である埼玉古墳群に供給されている武蔵の生出塚埴輪製作遺跡産埴輪に似た埴輪が山倉一号墳に認められるから、山倉一号墳の被葬者が武蔵国造家出身の菊間国造一族である、と単純に関係付ける前に、菊間国造の支配領域がそのように推定できるのかの検証がのぞまれる。でも、遠隔地で同じ製作技法による埴輪が見られる背景に血縁関係を見ようとする視点は尊重したい。後述するように、埴輪が運ばれたのか、それとも作者が移動して製作したのかは、別の問題である。

註

（1）志村　哲「第4節　藤岡産埴輪の供給について」『国立歴史民俗博物館研究報告』第120集　二〇〇三
（2）若狭　徹ほか『保渡田八幡塚古墳』　二〇〇〇　群馬町教育委員会
（3）右島和夫「簗瀬二子塚古墳」『安中市史第4巻　原始古代中世資料編』　二〇〇一　安中市市史刊行委員会
（4）志村　哲『範囲確認調査Ⅴ　七輿山古墳』　一九九〇　藤岡市教育委員会
志村　哲『範囲確認調査Ⅵ　七輿山古墳』　一九九一　藤岡市教育委員会
志村　哲『範囲確認調査Ⅶ　七輿山古墳』　一九九二　藤岡市教育委員会
（5）梅澤重昭・徳江秀夫ほか『綿貫観音山古墳Ⅰ』　一九九八　群馬県教育委員会・（財）群馬県埋蔵文化財調査事業団
（6）萩原恭一「畑沢埴輪生産遺跡」『千葉県文化財センター研究紀要』第15集　一九九四
（7）白石太一郎『古墳の語る古代史』　一九九八　歴史民俗博物館振興会
（8）鐘方正樹・安井宣也・中島和彦・松浦五輪美「菅原東遺跡の調査　第200次」『奈良市埋蔵文化財調査概要報告書　平成三年度』　一九九二　奈良市埋蔵文化財調査センター
鐘方正樹・安井宣也・中島和彦「菅原東遺跡埴輪窯跡群をめぐる諸問題」『奈良市埋蔵文化財調査センター紀要』　一九九二　奈良市教育委員会
（9）三辻利一ほか「統計学の手法による古代・中世土器の産地問題に関する研究（第七報）—奈良県内の窯跡および古墳出土埴輪の蛍光X線分析—」『情報考古学』第5巻第2号　一九九九
（10）山崎　武ほか『鴻巣市遺跡群Ⅱ　生出塚遺跡（A地点）』鴻巣市文化財調査報告第3集　一九八七
小橋健司ほか『市原市山倉古墳群』　二〇〇四　市原市文化財センター
（11）坂本和俊「考古学からみた稲荷山古墳の出自」『稲荷山古墳の鉄剣を見直す』　二〇〇一　学生社
（本節とは関係ないが、同氏はこの論の中で、稲荷山古墳に第三の埋葬施設を想定するために後円部の中心に礫槨が位置しない図を作成したのは最初であると述べているが、私が「有銘鉄剣にみる東国豪族とヤマト王権」『新版　古代の日本　第8巻　関東』角川書店　一九九二　で既に示しているので、認識不足であろう。）

第二節　埴輪工人の移動と現地製作

一　遠方への埴輪

群馬県の藤岡産埴輪を製作した本郷埴輪製作遺跡や猿田埴輪製作遺跡は、基本的に群馬県内の古墳に樹立するための埴輪の生産を行っていた[1]。本来は、上毛野の範囲を出て、埴輪を運ぶことはなかったと考えてもよいであろう。

埼玉県鴻巣市の生出塚埴輪製作遺跡で作られた埴輪も、当初は周辺の古墳群とくに埼玉古墳群に樹立する埴輪を供給していた[2]。つまり、武蔵の首長たちの奥津城を荘厳にするために操業していたのである。しかし、ここで製作された埴輪と似た埴輪が認められる範囲は次第に拡大し、南の東京湾沿岸に達するようになった。いま、供給という語を使用しなかったのは、遠隔地まで完成された埴輪を運んだのか確認できないからである。東京湾西岸地域は武蔵の勢力が及んだ範囲であるから、埴輪を運んだとする解釈が一般的である。東京湾東岸地域の千葉県市原市の山倉一号墳でも埼玉県鴻巣市の生出塚埴輪製作遺跡で製作された埴輪と似た埴輪が認められ[3]、それが特殊事象であると考えるのは、埴輪の供給に政治的規制があったという見解をもっているからである。しかし、埴輪の運搬という行為については、東京湾の東岸地域であれ西岸地域であれ差異はない。両者の埴輪の胎土分析をした結果は、鴻巣の生出塚埴輪製作遺跡で作られた埴輪の胎土と同じであったことも、埴輪を運搬したことの有力な証左であると主張する見解がある[4]。

ここでは、運搬とは異なる別の行動があって、鴻巣の生出塚埴輪製作遺跡で作られた埴輪と同じものが遠隔地で見られることになった可能性を示してみたい。それは、通常とは逆の発想であり、扱い慣れた粘土を持って注文があった地域へ出かけ、持参した粘土を用いて、古墳の近くの現地で出張製作を行ったとする想定である。埴輪造形者が用いる粘土の性格を熟知していないと製作に失敗した事例は、本郷埴輪製作遺跡の失敗品から指摘することができる。模倣埴輪製作実験では、四〇㎝弱の高さの円筒埴輪に用いた粘土量は、たかだか一五㎝立方の粘土塊であった。焼成した高さ四〇㎝弱の円筒埴輪を遠方へ割らずに運ぶことと、一五㎝立方の粘土塊を運ぶことを比較すれば、粘土塊を輸送するほうがはるかに楽である。

鴻巣の生出塚埴輪製作遺跡で千葉県市原市の山倉一号墳に樹立された埴輪と似た埴輪を焼成した窯が確認されたという指摘(5)もあろうが、それは問題にならない。埴輪造形者が二か所で活動しただけでも同じ現象を生じるからである。東京湾南部の海岸で採取できる石材が埼玉古墳群にまで運ばれた事実があるから、鴻巣の生出塚埴輪製作遺跡で製作した埴輪の完成品を舟に載せて川を下るのは易しいことであったという反論も予想される。出張製作した際の窯が一基でも今後に発見されれば、課題は解決するのである。

二　出張製作

霞ヶ浦沿岸を中心にして、下総型と呼ばれる埴輪群(6)が分布している。それらを一か所で大量生産した窯跡群が発見されていないので、必要に応じて古墳造営の現地に出向き、埴輪製作を行っていたと考えられている。下総型埴輪の前段階の埴輪を焼成した千葉県成田市の公津原埴輪窯は、隣接する船塚古墳に樹立するために一基構築されたのである(7)。埴輪を窯から古墳まで運ぶのに労力を要さない工夫であろうか。

その伝統的操業法が下総型埴輪の段階まで残ったのである。これを、かつては巡歴型の生産などと呼んだこともある(8)。巡歴や巡回という語は、埴輪造形者たちが出かけたまま戻ってこない、あるいは漂泊しているように受け取られかねないので、出張製作型とでもいうのがよいのであろうか。彼らにも本拠地があって、各々の現地製作が終われば、戻ってきたとするほうがよい。

九十九里沿岸で個性的な姫塚古墳の埴輪を製作した集団もまれには、そうしたことがあったと想定できる事例がある。東京湾東岸の千葉市・人形塚古墳[9]に樹立された埴輪群はまさに山武郡周辺の古墳に見られる埴輪と酷似している。おそらく造形者も同一人物が加わっていたであろう。

三　韓半島の埴輪状土製品

日本列島独特のものとされていた埴輪に似た土製品が韓半島西南部地域で発見され始めた。この栄山江流域は、前方後円形を呈する古墳や九州系横穴式石室が存在することでも知られる。その両者を併せ持つ光州市月桂洞1号墳と2号墳[10]で、同市の同じく前方後円形を呈する明花洞古墳[11]でも埴輪状土製品が調査検出された。さらに方墳で甕棺を埋葬施設とする新村里9号墳[12]でも埴輪状土製品の列状配列まで確認され、計7基の古墳に類似品の存在することが知られる。九州系構造の横穴式石室を埋葬施設とする慶尚南道の固城松鶴洞第1号墳[13]でも、全羅南道での形態とは異なるものの埴輪状土製品も並べていた。この地の他の遺跡でも埴輪に似た土製品の破片が存在するので、埴輪状土製品は全羅南道に限らず慶尚南道つまり加耶でも製作樹立されていたと指摘できるようにもなった。

全羅南道や慶尚南道におけるこれらの埴輪状土製品は、細部の形態や叩き工具による外面調整が列島の埴輪と異なるから、列島の埴輪製作者の手になるとは認め難く、半島の土器製作者の手によったものである。しかも、月桂洞1・2号墳のような倭的墳墓より早い、在地系墳墓の新村里9号墳にも導入している点は注意しなければならない。埴輪状土製品の一種は当地での前方後円墳の造営より前から製作され始めていた可能性もあった。[14]しかし、最近公表された咸平の老迪遺蹟出土品[15]は製作法も形態も列島の埴輪と酷似している。この破片は、半島における埴輪樹立のための見本として列島から完形品がもたらされた、あるいは、埴輪造形者が列島から半島へ派遣されたと理解しても支障がないことを示している。

古墳は保守的であり伝統的形態を維持するのが本来の姿であったのであろうことを考慮すれば、列島では前方後円墳が圧倒的な数を誇るから、半島の前方後円墳の被葬者は出自を列島に求められるべきである。新村里９号墳の造営時期と同じ頃の五世紀後半に、日本列島から移住した人々の墓として前方後円墳が造営された際、日本列島から見本としての埴輪完形品か少数の埴輪造形者の派遣があったことを考えねばならない。しかし、その後は列島から継続して埴輪がもたらされることがなかった、あるいは、埴輪造形者が永住することがなかったから、埴輪の製作法が継承されなかったのであろう。おそらく、最初の埴輪製作時に協力した在地の土器製作技術者によって、その後は埴輪状土製品が模倣製作されることになったと、考えておきたい。しかし、韓半島における埴輪状土製品の系統は一つではないので、埴輪状土製品の出現した要因が他にもあるらしいことも留意しておかねばならない。

註

（１）志村　哲「本郷埴輪窯跡とその周辺」『シンポジウム関東における埴輪の生産と供給』二〇〇一　学生社
（２）山崎　武「生出塚埴輪窯製品と供給先」『シンポジウム関東における埴輪の生産と供給』二〇〇一　学生社
（３）米田耕之助「上総山倉一号墳の人物埴輪」『古代』第59・60合併号　一九七六
（４）三辻利一「千葉県内の古墳出土埴輪の蛍光X線分析」『千葉県文化財センター研究紀要』第15集　一九九四
（５）山崎　武ほか『生出塚遺跡（P地点）』一九九九　鴻巣市遺跡調査会報告書第９集　埼玉県鴻巣市遺跡調査会
（６）轟　俊二郎『埴輪研究』１　一九七三
（７）高梨俊夫「房総における埴輪の生産と流通」『千葉県文化財センター研究紀要』第15集　一九九四
（８）轟　俊二郎『埴輪研究』１　一九七三
（９）復元作業過程で実見させていただいた。
（10）林永珍「光州市月桂洞の長鼓墳２基」『韓国考古学報』31輯　一九九四

(11) 朴仲煥『光州明花洞古墳』国立光州博物館学術叢書第29冊　一九九六
(12) 尹根一・金洛中ほか『羅州新村里9号墳発掘調査報告書』国立文化財研究所　二〇〇一
(13) 沈奉謹ほか『固城松鶴洞古墳群』東亜大学校博物館　二〇〇五
(14) 林永珍「韓国南西部の前方後円形古墳と埴輪状土製品」『王の墓と奉仕する人びと』山川出版社　二〇〇四
(15) 李暎澈・李恩政『咸平　老迪遺蹟』湖南文化財研究院　二〇〇五

第五章　埴輪の樹立

第一節　古墳での人物埴輪樹立位置

一　小円墳での人物埴輪

墳丘に並ぶ人物埴輪群像が何時効果を発揮したのかについては、穴沢和光[1]や橋本博文[2]そして井上裕一[3]らにより、埴輪が古墳外表を恒常的に装飾することを意図したものでなく、これらの埴輪を用いた祭祀が「一時性」「一回性」であったと指摘されている。人物埴輪の製作と樹立が特定の被葬者のために行われたのであろうから、たとえ複数埋葬があったとしても、特定の被葬者以外の埋葬に際して有用でなかったという意味では、これらの指摘は受け入れられよう。しかし、現実には、追葬の時、人物埴輪群像は並んでいて、葬送者の眼に触れたのである。その石室なりの埋葬施設に葬られるべき人々の埋葬がすべて終了するまでの間、おそらく十数年間は人物埴輪群像が古墳に並び、人々は機会ある毎にそれを見続けたのである。

人物埴輪は人々に見せるための位置に並べられたのであることを、例示しておこう。千葉県成田市・南羽鳥正福寺一号墳[4]はどこにでもある円墳だが、ムササビの埴輪が並べられていたのは珍しく、人物埴輪などとともに墳丘の裾に並んでいた（第1図）。この古墳は浅い二重の周溝をめぐらせており、内外二つの周溝とも一部に掘り残しがあって、一種の通路状となっている。おそらくその土橋状通路を渡って墳丘に入ったのであろう。ところが、外溝と内溝を一直線にわたるように掘り残せば、簡単であるし最短距離で墳丘に入れるにもかかわらず、内溝の掘り残しはわざわざ

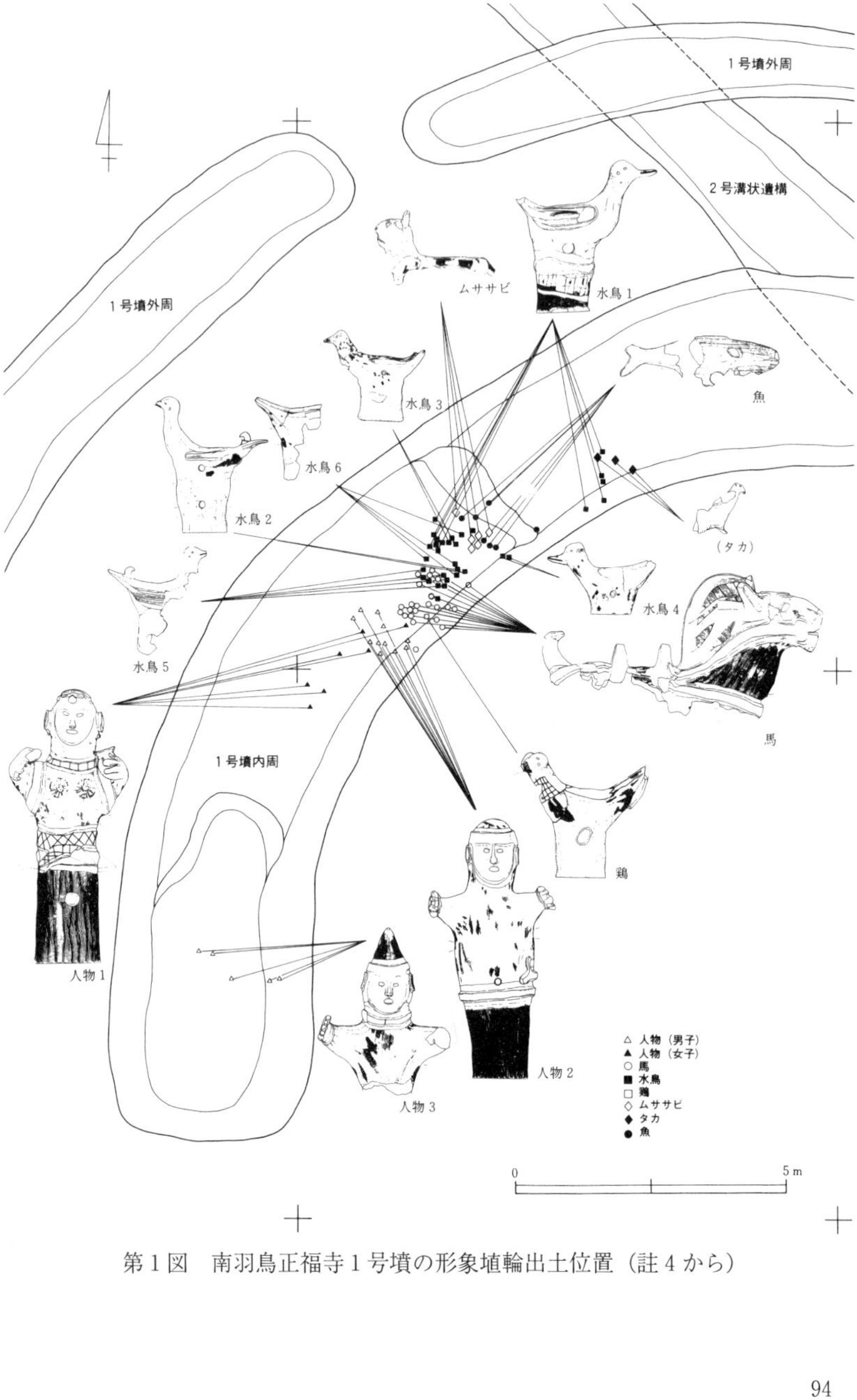

第1図　南羽鳥正福寺1号墳の形象埴輪出土位置（註4から）

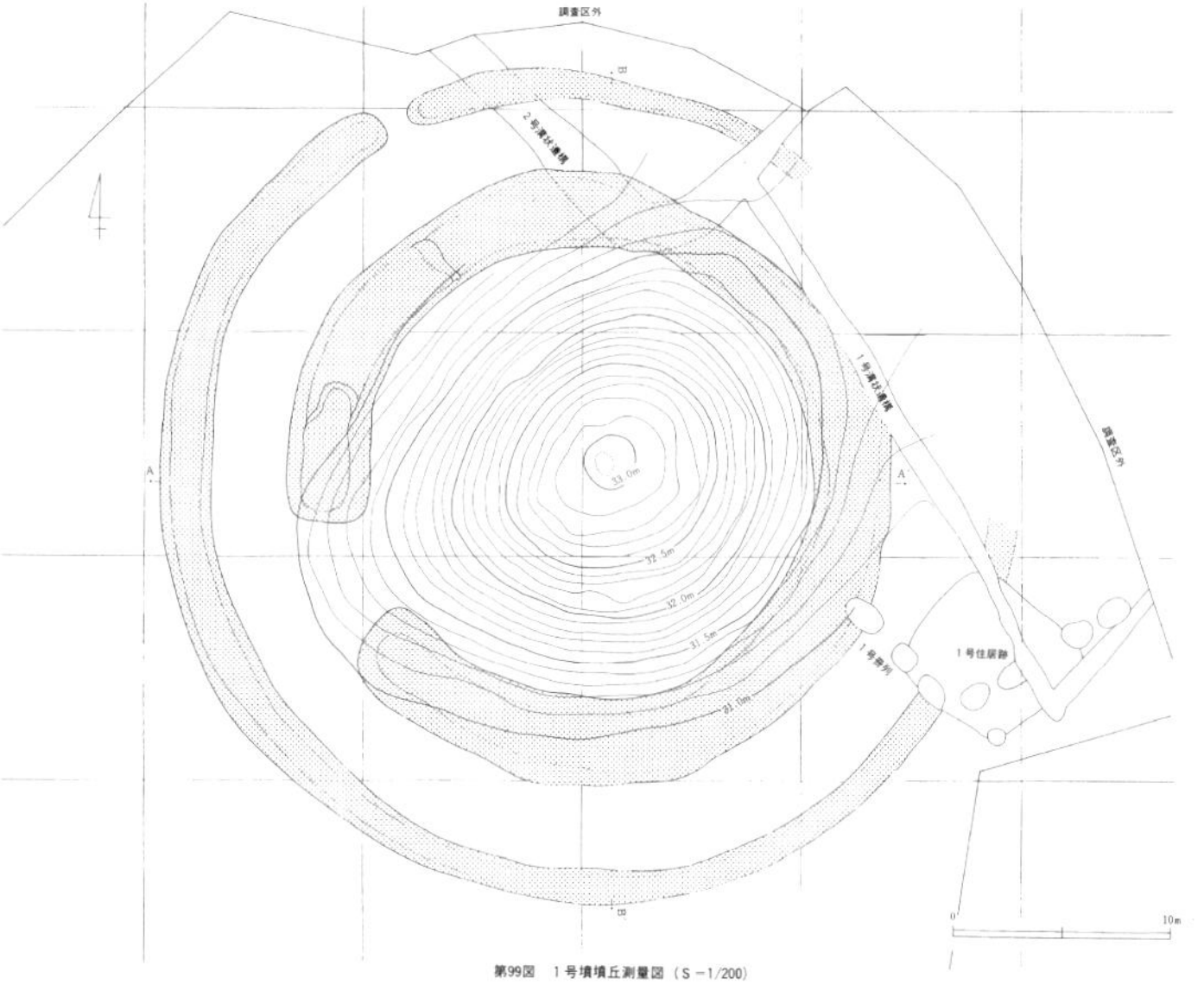

第２図　南羽鳥正福寺１号墳の二重周溝（註４から）

遠回りするような位置に設置されている（第２図）。外溝を渡って中堤を歩きさらに内溝を渡るまでの、中堤を歩いている間によく見える墳丘裾に、人物やムササビの埴輪が並べられていた。つまり、人々が溝を渡って埋葬施設の位置あるいは祭祀を行う位置に到着するまでの間に、人物埴輪群を間近に見ることができたのである。人物三体と馬・ムササビ・水鳥・鶏の群像は、ここに集中している。他の古墳の人物群像と同じ意味を持たされていたと考えてよい。特異なムササビだけに特殊な霊力ありと性格付けをすることの偏った考察をとらないほうがよい事例である。ちなみに、ムササビは日本列島では近年まで狩猟の対象物であった。この古墳の近くに存在した長沼でも棲息していたのであろう。古墳の被葬者がその狩猟か捕獲飼育に関係したからこそ、こういった特殊な埴輪が製作されることになったと推測される。

見せるための人物埴輪樹立を行った事例は、栃木県国分寺町・甲塚古墳(5)でも見られる。円形の周溝をめぐらしながら、その内側には前方後円墳形の墳丘を築造し、前方部前面に横穴式石室を設けた特異な古墳である。人物埴輪群像は前方後円墳形の墳丘のくびれ部裾に並べられていた。周溝に一部掘り残しがあって、そこが古墳外からの進入口であると考えると、石室入り口に行くまでの通路脇に群像が並んでいたことになる。

人物埴輪群像は葬送者に見せるためであったことを想起させる事例である。

二　大王墓での人物埴輪

大阪府高槻市にあり、継体天皇の墓ではないかとされる今城塚古墳(6)（第3図）では、長さ一四〇mもある墳丘をめぐって濠が二重に取り巻き、二重濠の間にあって墳丘をめぐる中堤の一画に家や人物・馬などの埴輪が群として置かれていた。外側の濠まで墓域であるから、一般の人々は外濠の外から古墳や埴輪を見ることになるが、中堤まではかなりの距離があるので、形象埴輪群像の詳細はわからない。人物や馬埴輪は小さいから、なおさらよく見えないだろう。大王墓でも、濠の外からでは人物埴輪などの詳細が理解できないのである。

そう理解してよければ、さきの今城塚古墳の墳丘をめぐる中堤の一画に並べられた家や人物・馬などの埴輪群も、濠の外からでなく、長い中堤の通路幅が二〇mもある場所で間近に見るのが目的であったことも考えねばならない。埋葬施設である横穴式石室は後円部にあり、古墳外から石室前に行くには、中堤を歩くのが普通である。人々は石室に到着するまでの間に、形象埴輪群像が並ぶ光景を眼にしたのであろう。

これらの事例からは、人物などの埴輪は、古墳の堀の外に立つあるいは脇を通り過ぎる一般の人々ではなく、古墳で先祖に対するまつりを行う人々が見ることに意義があった、とみたほうがよい。

一方で、『日本書紀』雄略紀の、田辺史伯孫が応神陵らしい古墳の外堤で自分の馬と馬埴輪を交換したという説話が事実であるかは別にしても、古墳の脇を通る一般の人々もこの応神陵古墳の外堤に並ぶ馬埴輪群像を見ることができた場合もあったと、心しなければならない。

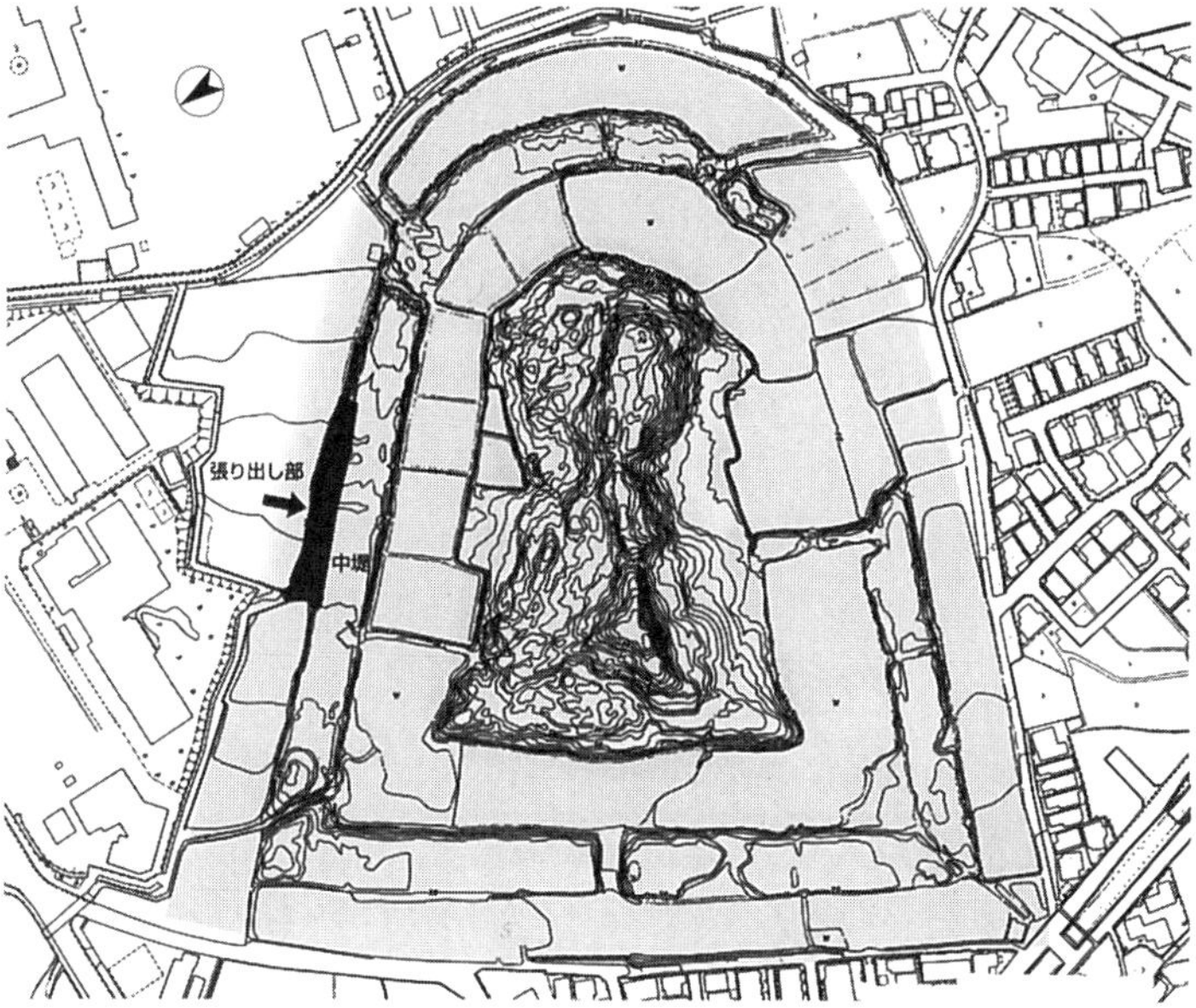

今城塚古墳墳丘測量図
（高槻市教育委員会編 1997『継体天皇と今城塚古墳』を改図）

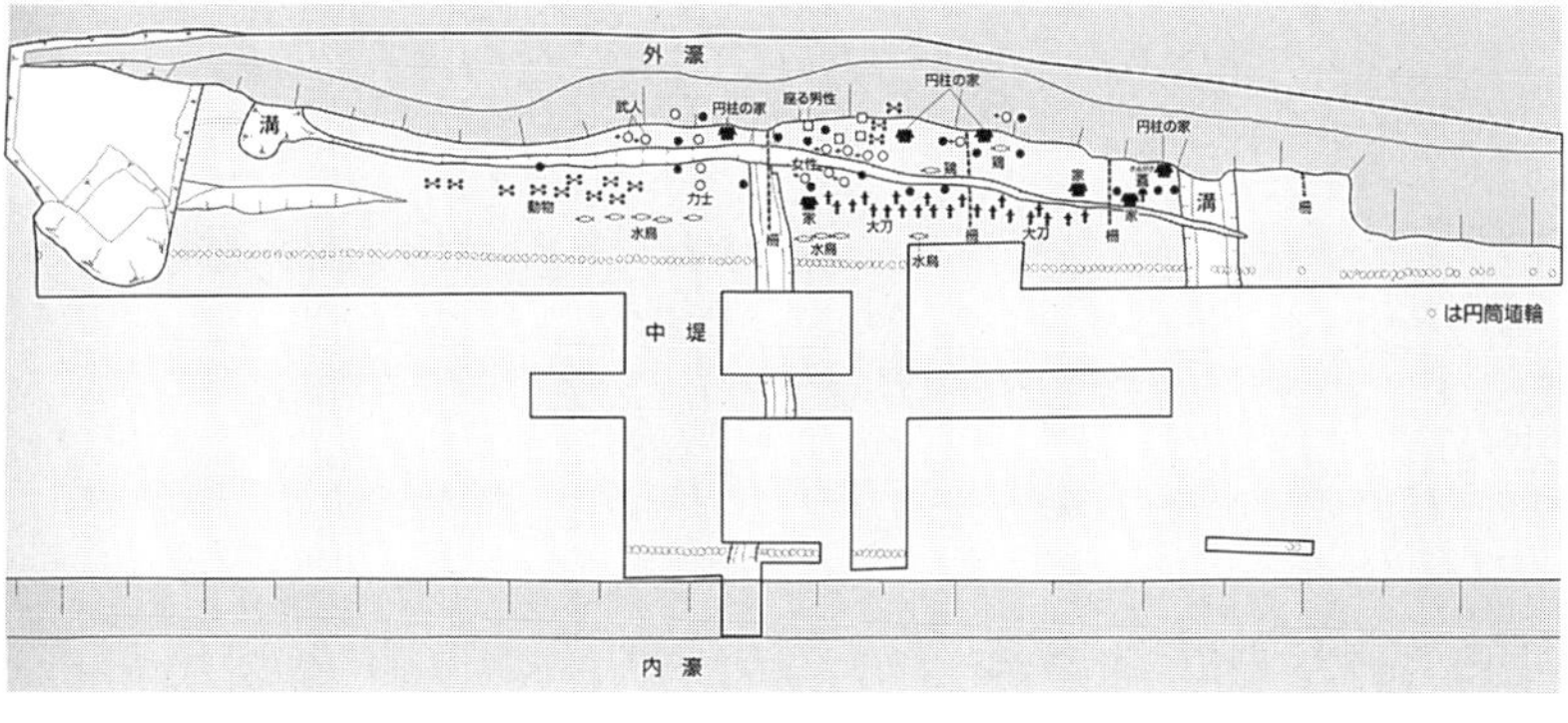

第３図　今城塚古墳の墳丘と中堤造り出しの形象埴輪群像（高槻市教育委員会 1997『継体天皇と今城塚古墳』を改図）

註

（1）穴沢和光「〈書評〉大河内光夫・山崎義夫『天王壇古墳』（本宮町文化財調査報告書第8集）」『福島考古』第26号　一九八五
（2）橋本博文「埴輪研究余録（その1）―埴輪祭祀の一時性」『早稲田大学所沢文化財調査室月報』No.11　一九八六
（3）井上裕一「人物埴輪の構造と主題（Ⅰ）」『古代』第116号　二〇〇四
（4）宇田敦司『南羽鳥遺跡群Ⅰ』一九九六　印旛郡市文化財センター
（5）町教委のご厚意により、現地見学。
（6）森田克行「今城塚古墳と埴輪祭祀―継体陵論の道程―」『東アジアの古代文化』第117号　二〇〇三
森田克行「今城塚古墳の埴輪群を読み解く」『発掘された埴輪群と今城塚古墳』二〇〇四　高槻市教育委員会

挿図出典

第1・2図　宇田敦司『南羽鳥遺跡群Ⅰ』一九九六　印旛郡市文化財センター
第3図　国立歴史民俗博物館編『はにわ―形と心―』二〇〇三　朝日新聞社　31頁

第二節　人物埴輪樹立古墳の階層

はじめに

古墳時代関東において、五世紀後半から人物埴輪が古墳に樹立され始めたことは、ほぼ確定的である。その人物埴輪樹立の風習が六世紀代にも継続し、しかもその六世紀後半には人物埴輪を樹立する古墳が関東に集中すると言ってもよいほどに盛行するには、それなりの理由が存在したと見なければならない。

人物埴輪を樹立する意図については、葬列や殯の情景を残すことに意味があったとする見解がある。[1] しかし、それらの説では死者を埋葬した古墳にそこの被葬者が表現されていない人物埴輪群を樹立しその後も古墳に残すまでの一貫した解釈をし難いのではないかと指摘した。[2] 一方で残る有力な見解は、人物埴輪は首長権継承儀礼の情景を表現して古墳に樹立されたとする説である。[3] しかし、その説でも人物埴輪群像の中に被葬者の姿はないとするのが多くの意見であり、人物埴輪に表現された人物は死者でなく首長権を継承するところの死者の後継者であるという。そこで、人物埴輪には死者の姿あるいはそれを想起させる姿が表現されていてよく、人物埴輪群像にはもっと多様な情景を表現しようとする意図があったのではないかとして提起したのが、人物埴輪群像は被葬者の顕彰されるべき生前功績の情景が表現されたとする見解であった。[4]

六世紀代の関東に人物埴輪が多いとは言っても、古墳のすべてに人物埴輪が樹立されたものでないことは言うまでもない。一方で、人物埴輪は前方後円墳など限られた墳形の古墳にのみ樹立されたのでなく、円墳にも樹立された事実がある。古墳時代後期の関東では各地域の地域首長墓としてもよい規模の大型前方後円墳が異常に多く存在し、その数は想定し得る地域首長の数をはるかに越えるという指摘[5]があるように、大型前方後円墳に埋葬された被葬者でさえ地域首長であったかは定かでないとするのが堅実な出発点であろう。また、古墳時代後期の関東ではそれより小規模の前方後円墳がさらに数多く造営され、それが関東の特色の一つともなっている状況を考慮に入れれば、たとえ墳丘の規模が大きい円墳であってもそこに埋葬された被葬者を地域首長でなくとも首長と呼ぶには慎重でなければならない、したがって、人物埴輪群像に首長権継承儀礼が表現されているという説を展開する場合は、まず小型であっても前方後円墳とそうでない形をもつ古墳の相異が存在する要因を被葬者の何に求め得るかを検討し、そこで首長の定義を行うという手続きが必要であろう。そうして、人物埴輪に関して使用された首長権継承の語を権威継承の語に置き換えた[6]としても、次には古墳に複数の人物が埋葬されていた場合にどの被葬者のために人物埴輪が樹立されたのかを推定しなければならないであろう。また一方で、首長墓と認めてもよい同時期の前方後円墳が人物埴輪を供されていない場合には、その古墳の被葬者は首長でなかったのか、それとも、首長ではあったが事情があって人物埴輪を樹立しなかったのかと考えねばならない課題も残っている。その意味では、古墳群の総合的分析を経て、人物埴輪を供された、あるいは、供されなかった被葬者像を考察するのが本来の手続きであり、それを明らかにして初めて人物埴輪がもつ本質的課題に迫ることが可能となろう。

そこで本稿では、人物埴輪を樹立した古墳が含まれる古墳群内で、人物埴輪がある古墳の墳形や規模そして支群での位置から、人物埴輪を供された被葬者の階層が幾層抽出されるかを検討して、人物埴輪群像に対する首長権継承儀礼表現説の不適合性を示し、被葬者生前功績表現説により被葬者の生前活動と集団構成を解釈する序章としておきたい。

なお、以下においては次の理解を前提とした説明を行う。遺跡名に付された「古墳群」は構成する古墳数に多少があり、本来ならばそれを造営した集団の数や形成過程を考慮した呼び分けをすべきであろうが、ここでは各報告に従っておく。一ないし二世代によるというような、造営時期をほぼ同じくする古墳だけで密集する場合は数少ないがこれを群集墳と呼び、ほとんどが数世代にわたる長い期間に形成されたと見られる古墳集中を古墳群と呼ぶことにしておく。また、その古墳群ないし群集墳の古墳数が多い場合、地形的条件によって占地を異にして見かけ上で区分される一群を支群と呼び、さらに支群が分割されて各古墳の近接度でまとまったさらに小さい一群を小支群と呼び分けることにする。小支群もまた分割される場合がある。支群・小支群の占める面積は地域により広狭の差を認める。

また、各古墳や支群・小支群そして古墳群を造営した集団の性格について、次の例があると想定しておきたい。六世紀後年代は関東各地において造営される古墳数がもっとも多くて、律令制の「下総国葛飾郡大嶋郷戸籍」（以下、「戸籍」という）に記載されているような血縁集団に似た集団の姿が古墳群に現れていると理解したい。もちろん、この理解を検証するために古墳出土人骨による血縁関係の確認を経るなどの作業を必要とするが、それは改めて行うこととし、ここでは「戸籍」を古墳時代後期の集団単位想定の参考としたい。六世紀後半代の単位集団の基本もまた血縁関係にあるとすれば、まずは「戸籍」にみられる郷戸内房戸の血縁関係が参考となろう。複数の房戸の長が血縁でつながり、それらの房戸で構成されるのが郷戸の一般的姿であるとして、古墳時代後期にあり得た房戸的集団を最小単位の血縁的集団と呼び、それら房戸的集団がまとまった郷戸的集団を血縁的集団群と呼ぶことにする。古墳群のうち六世紀後半代の群を形成した古墳の中に、血縁的集団群つまり郷戸的集団を世襲的に代表する地位にいたところの、血縁の核となる身分を継ぐ人物の古墳があることは想定できよう。そして、その人物と血縁的つながりをもつところの最小単位の血縁的集団つまり房戸的集団を代表する人物もまた古墳を造営したらしいと想定される。もちろん、最小単位の血縁的集団つまり房戸的集団を構成したところのさらに細かい生活単位たとえば二ないし三世代による今日的家族に似た集団を代表する人物もまた古墳を造営したことも考えられる。古墳には集団を代表する人物だけが埋葬されたのでなく、その構成員も埋葬された。古墳の新規造営はその集団を代表する人物の死を契機としたものと考えておきたい。ある地区にはそうしたいくつかの血縁的集団群が集合して居住し、数々の共同作業を行うなどの生活を送ったのであろうが、その地区の複数の血縁的集団群すべてがまた血縁でつながっていたのでないことは充分あり得る。したがって、地理的に同一の地にいるという意味で、ある地区に居住した複数の血縁的集団群を地縁的集団と呼んでおくことにする。この地縁的集団にも代表する人物が必要とされたであろうが、その代表位は血縁的集団代表のような世襲制でなく、選出などの方法でその地位に就く政治的地位であったと考える。少なくとも最小単位の血縁的集団からこの地縁的集団までの構成が、形成された古墳群構成に反映していると想定しておく。さらに、一つの河川流域にはこのような地区が複数存在するので、例えば水利権をとっても潅漑や水運に関して地縁的集団を統合した地縁的集団群とでも呼ぶべき組織が必要とされた可能性が高い。しかし、その組織の存否の推定は一つの古墳群の検討からでは導き出せず、例えば一つの河川流域など一定の広い範囲にわたる古墳群を総合して検討し、その存否を判断することになる。もしそこで、地縁的集団群の代表を埋葬したと見られる前方後円墳などが存在する場合には、その被葬者は各地縁的集団の利害を調整するとともにその地縁的集団群を代表して他の地域との交渉にも携わったと考える。この一つの河川流域など一定の広い範囲の組織代表を地域首長と呼び得る場合や、複数の河川流域などさらに広い範囲の組織代表を地域首長と呼ぶ場合など、関東でも地域によって相異があろう。後者の範囲を大地域、前者の範囲を中地域、そして地縁的集団の居住域を小地域として、そのどこからが自治の完結した政治的組織と認め得るかはここでの検討目的でない。

まずは、首長墓とされがちな前方後円墳に人物埴輪が供された例について、いくつかの古墳群における被葬者層から見ておくことにする。

一　前方後円墳での人物埴輪

(一)　大型前方後円墳への人物埴輪樹立

六世紀代関東においては数多くの前方後円墳に人物埴輪の樹立が見られる。その人物埴輪樹立の初現が五世紀後半代に遡ることは確実となった。

千葉県では、小糸川下流域の一画に内裏塚古墳があり、その墳丘外で出土した人物埴輪は内裏塚古墳に伴うと考えてもよいと既に述べた(7)。この内裏塚古墳を古墳群形成の端緒とする内裏塚古墳群は、須恵国造家の墓域との関連性が考慮されたこともある(8)ほどに大型前方後円墳が集中している。須恵国造との関連は別にして、この古墳群を、小糸川流域を支配した首長層のうち主な人物達の墓域と想定することは許されるであろう。その中で最大かつ最古の前方後円墳に男性の人物埴輪が供された。今までに知られるのはこの一体であるが、数がこれに留まらないことは充分に予測される。ここでは、地域首長の墓に対して人物埴輪が供されたのであり、その埴輪群に首長権継承儀礼が表現されていると意味付けることも可能であろう。しかし、この内裏塚古墳には後円部に二つの竪穴式石室があり、その一つには二体分の人骨が認められたとされる[9]。二人の人物が男女のいずれであるのか、また、二人に血縁関係を認めるのか否かを今確かめる術はない。果たして、人物埴輪は、二人に対して供されたのであろうか、それとも一人に対して供されたのであろうか。人物埴輪が誰に供されたのかは、埴輪樹立の意図を追究する上での最終的課題でもある。ここでは、地域首長墓と想定できる大型前方後円墳に人物埴輪が供された一例として理解するにとどめておきたい。

埼玉県で大型前方後円墳が密集する埼玉古墳群のうち、古墳群形成の端緒となったとされる埼玉稲荷山古墳もまたその造営が五世紀に遡ると推定できる大型前方後円墳であり、武人や女性像を含む人物埴輪群が樹立されていた[10]。この埼玉古墳群における大型前方後円墳の被葬者もまた、内裏塚古墳群の大型前方後円墳被葬者と同じく広域の地域を支配した地域首長であったと考えてよいであろう。しかし、ここでもまた、人物埴輪が誰に供されたのかという点については問題を残している。埼玉稲荷山古墳の後円部には礫槨と称されるもののほかにも埋葬施設があり、未確認の第三の施設も存在する可能性があって、人物埴輪がどの被葬者の埋葬に対して樹立されたのかが明らかでない。

同様の例は、群馬県の保渡田古墳群にも見られる。人物埴輪群には首長権継承儀礼が表現されているとする説の根拠にされた保渡田八幡塚古墳[11]も、大型前方後円墳であって後円部に複数の埋葬施設が設けられており、被葬者の一人を地域首長に想定できるものの、人物埴輪がその一人に供されたのかどうかは明らかでない。

しかし、茨城県の霞ヶ浦沿岸に位置する三昧塚古墳[12]は、大型前方後円墳に樹立された人物埴輪が地域首長のためのものであった可能性を示唆している。この古墳は墳丘長八五ｍとやや小規模ではあるが、台地上に位置する他の古墳

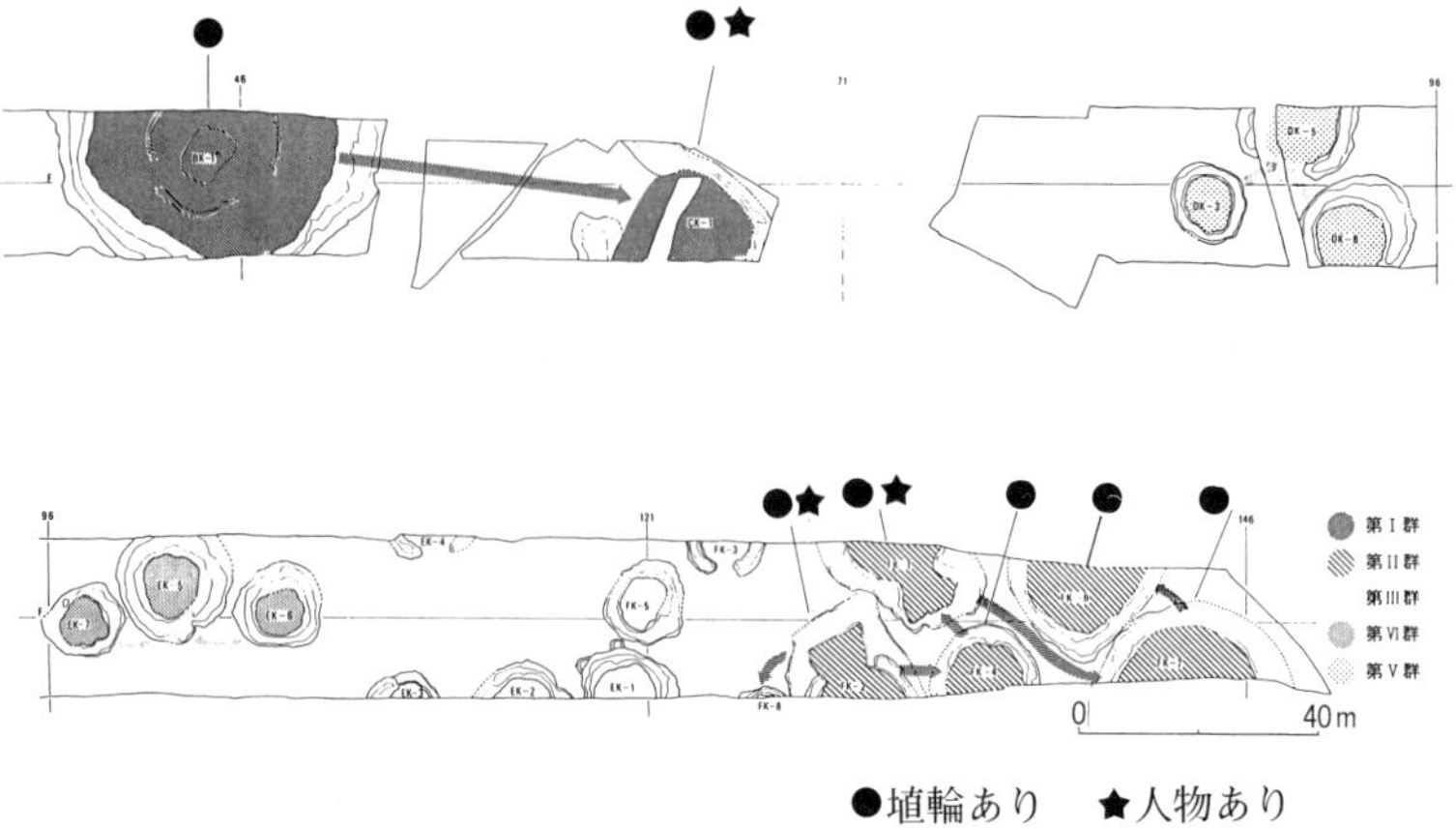

第1図　堀ノ内遺跡群（註13より改図）

と占地を違えて沖積地に築造されたことなども加えて地域首長墓と想定できる。後円部にある副葬品を入れた木箱状施設に人体埋葬がなかったとして、箱式石棺に遺存した金銅製冠を頭につけた成年男性人骨一体を唯一の被葬者と想定できることから、人物埴輪は地域首長のために樹立されたと考えることもできよう。

五世紀末葉までに造営された他の大型前方後円墳にこの例を適用するならば、複数の埋葬施設が存在する場合には埴輪樹立対象の特定が困難であるものの、地域首長墓に人物埴輪が供されたこともあると想定できる。これらの諸例からは、人物埴輪群には首長権継承儀礼が表現されていると想定することも可能であろう。

しかし、六世紀以降には大型に限らず中型あるいは小型の前方後円墳にも人物埴輪が樹立されるのであり、それらの古墳の被葬者がどういう層に属していたのかが問題となろう。そこで次に、複数の古墳が発掘調査された古墳群の中で、前方後円墳にのみ人物埴輪が樹立された例から見ていくことにする。

（二）古墳群の前方後円墳にのみ人物埴輪を見る例

群馬県西部の堀ノ内遺跡群⑬は藤岡市の本郷埴輪窯跡群から至近の位置にあり、六世紀以降の古墳が一九基調査された（第1図）。七基の古墳に埴輪が認められ、そのうち人物埴輪を樹立していたのは墳丘長約二〇ｍと三〇ｍの前方後円墳二基と前方後円墳を意識して改造したかとされる古墳一基の三基であった。ここでは、同じ時期に造営された古墳が近接して小支群を形成した傾向をみる。また、埴輪をもつ古墳すべてに人物埴輪が樹立されたのではない。帆立貝形にせよ前方後円墳の墳形を採用した古墳に人物埴輪を樹立しようとした意図が感じられる。

第２図　塚廻り古墳群（註14より改図）

同じ群馬県の東部に所在する塚廻り古墳群(14)でも同様に帆立貝形前方後円墳に人物埴輪の樹立が見られる（第２図）。現在は水田となっている湿地の微高地に位置した塚廻り古墳群は過去にその存在が知られていず、埴輪の検出をもって確認された古墳が七基を数える。いま知られる七基はすべて埴輪をもち、墳形を確認し得た四基は帆立貝形前方後円墳とされる。人物埴輪はそのうちの三基に樹立されていたことが確認された。この地

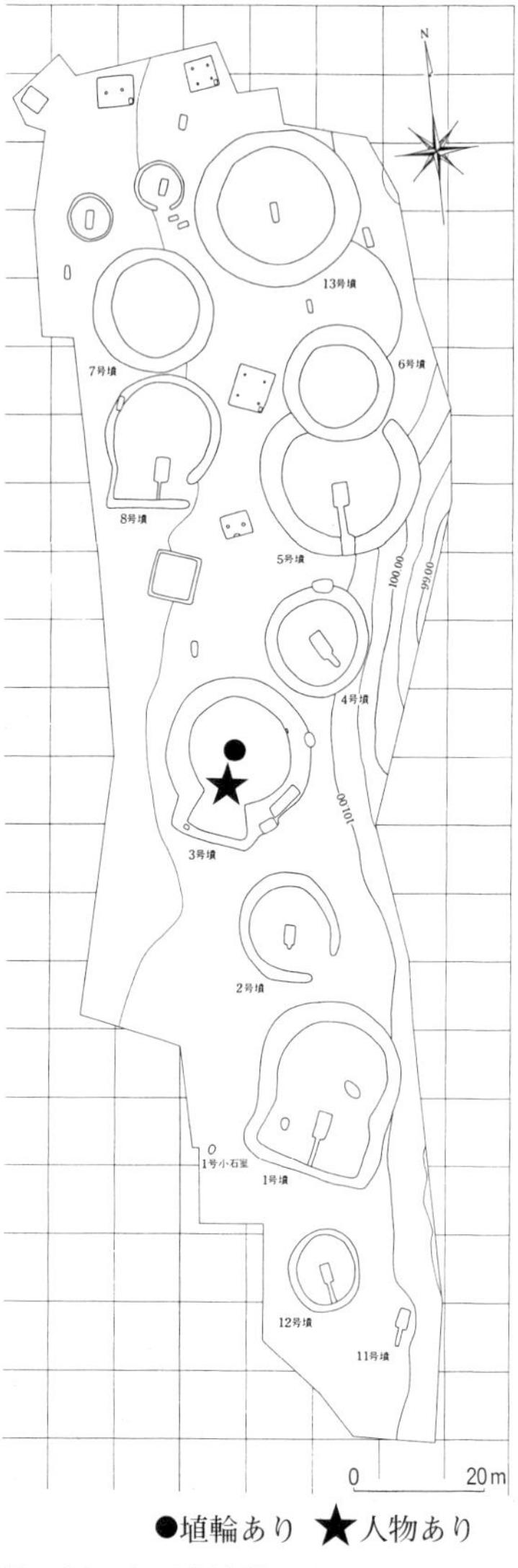

第３図　上原古墳群（註 15 より改図）

には七基以外にも古墳が存在したものと推定されるが、六世紀中葉の短期間に集中して帆立貝形前方後円墳に人物埴輪を樹立したことに特色を見る。この塚廻り古墳群は少なくとも二つの小支群に分かれるものの、帆立貝形前方後円墳は墳丘長が二五ｍに満たない規模であり、均質的でもある。しかし、よく知られているように樹立された人物埴輪に特殊なものが存在することを考慮すれば、他地域のものと較べてやや古相を呈するここの帆立貝形前方後円墳の被葬者は少し特異な性格を帯びていたと理解することも不可能ではない。しかし、群形成の全容が明らかでない今は不明としておかざるを得ない。

栃木県の姿川流域に位置する上原古墳群[15]は、前方後円墳三基と円墳一三基で構成される古墳群であるが、同じ栃木県内でありながら後述の明神山古墳群とは様相を異にする。古墳群形成途中の六世紀中葉に造営された帆立貝形に近い墳丘長約二〇ｍの前方後円墳一基にのみ埴輪が見られ、人物埴輪も樹立された（第３図）。その埋葬施設は横穴式石室でない。同時期とされる円墳には埴輪がなく、横穴式石室をつくる時期になって造営された他の前方後円墳にも埴輪は見られない。ここでは、一時期の古墳の被葬者に人物埴輪を樹立することの特別な事情があったと想定すべきであろう。

茨城県の北部に位置する一騎山古墳群[16]は前方後円墳一基と円墳九基からなるとされる（第４図）。埴輪は前方後円墳一基にのみ認められ、調査された他の三基や未調査の円墳は横穴式石室をつくるのに対して、この前方後円墳のみが木棺直葬の埋葬施設をもつ。人物埴輪は円墳とは異なる形の古墳を造り得る地位に達した人物の墓に供されたと見る根拠となる例である。この前方後円墳を小集団の長の墓と考えてもよいが、他の円墳に先立って造営されたのであれば、この地に古墳群を形成していく端緒になった人物の事情が反映されていると見ることができよう。

第４図　一騎山古墳群（註 16 より改図）

同じく茨城県北部に位置する幡

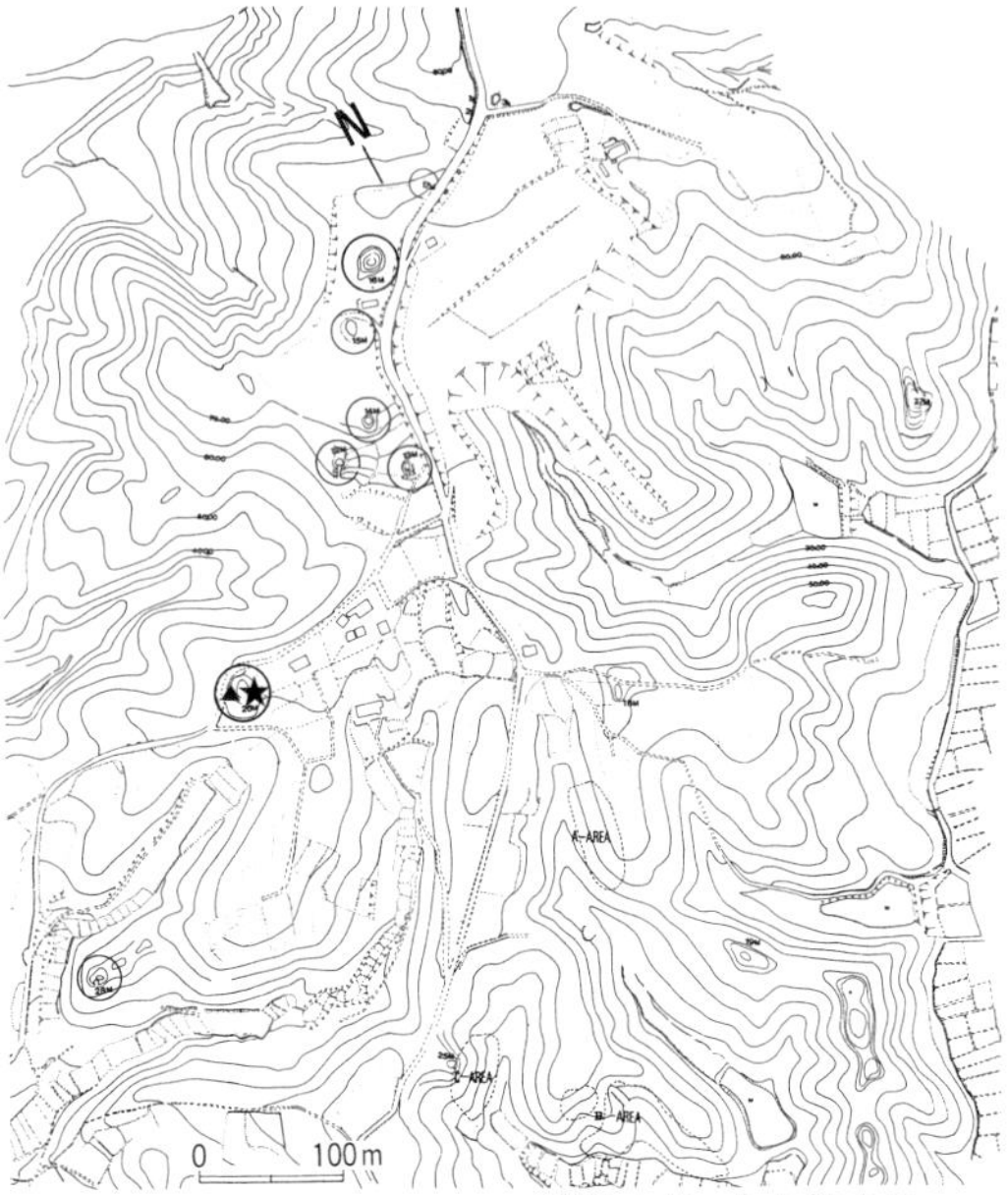

第5図　幡山古墳群（註17より改図）

山古墳群[17]は円墳二四基からなる古墳群とされる。そのうち一二基を調査したが、八基が古墳と認められた。人物埴輪を樹立したものも含めて埴輪をもつ古墳は一基であった（第5図）。しかし、この古墳は前方後円墳の可能性があるとされ、過去にこの古墳群内にあったと言われる人物埴輪をもつ前方後円墳と同一であるかもしれないとの指摘がある。そうであれば、他の円墳もこの前方後円墳と同じ横穴式石室を作るから、小さいけれども一つの小集団の長の墓に人物埴輪が樹立されたと想定することができる。

　茨城県の北浦東岸の台地上に位置する宮中野古墳群[18]は、前方後円墳一八基・方墳二基を含む一一五基以上の大古墳群である。その古墳群の北群が占地する北台地の一画が調査され、前方後円墳三基・長方形墳一基・円墳九基が確認された（第6図）。そのうち、埴輪をもつ古墳は墳丘長約三〇ｍの前方後円墳二基で、人物埴輪はそのうちの一基に樹立されていた。この一画では人物埴輪は前方後円墳にのみ見られて、ある時期の小集団の長の墓と認める。しかし、隣接する前方後円墳が同様の形態をとり、埋葬施設の箱式石棺やその位置が似るにもかかわらず、人物埴輪を樹立していないことは注目される。人物埴輪はある地位に達した人物の古墳に一律に樹立されたのではないのであって、その樹立に際して地位とは別の事情が存在したことを示していよう。

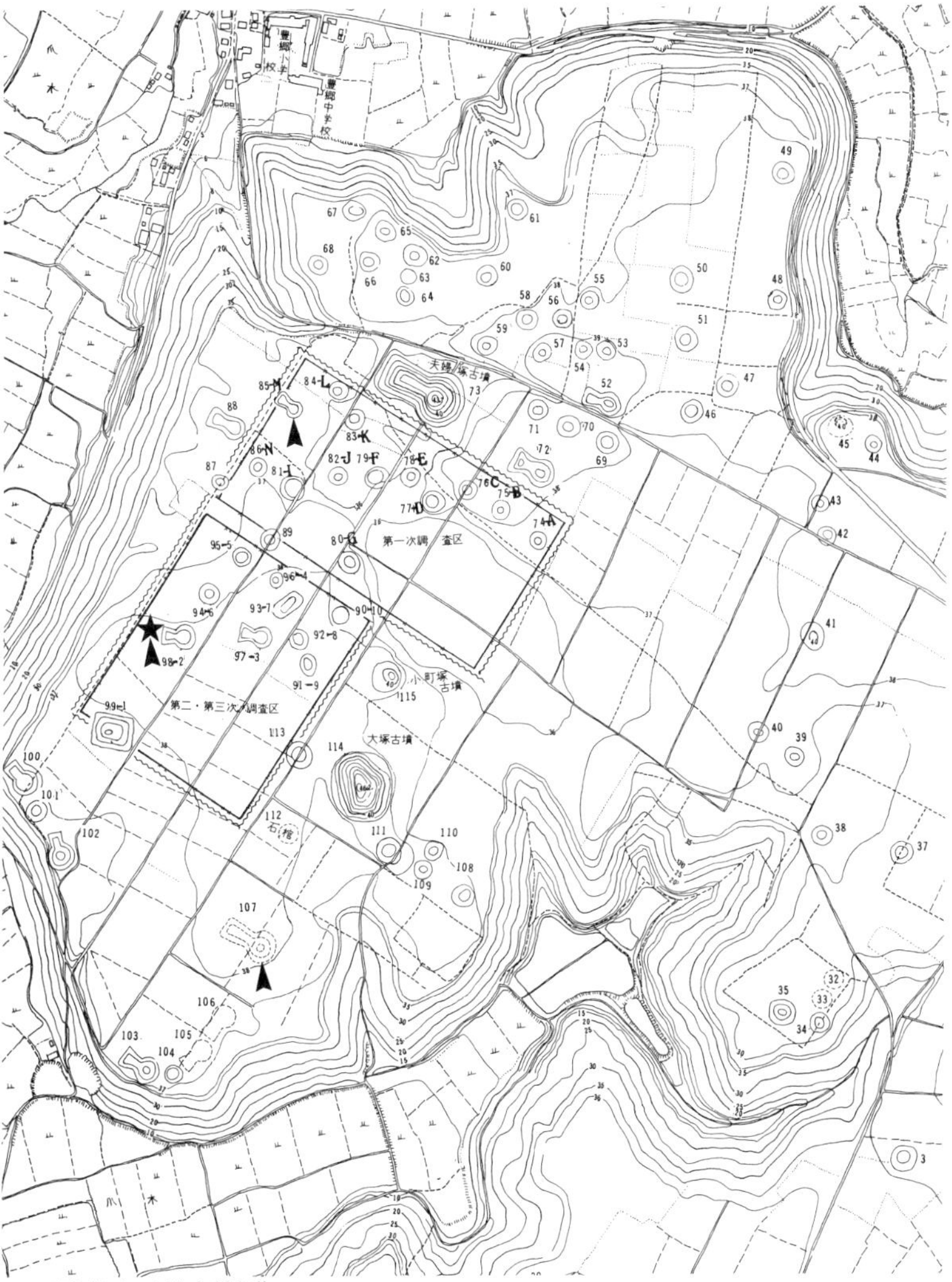

(波線内が調査範囲)

75　0　100　200　300m

▲埴輪あり　★人物あり

第6図　宮中野古墳群（註18より部分改図）

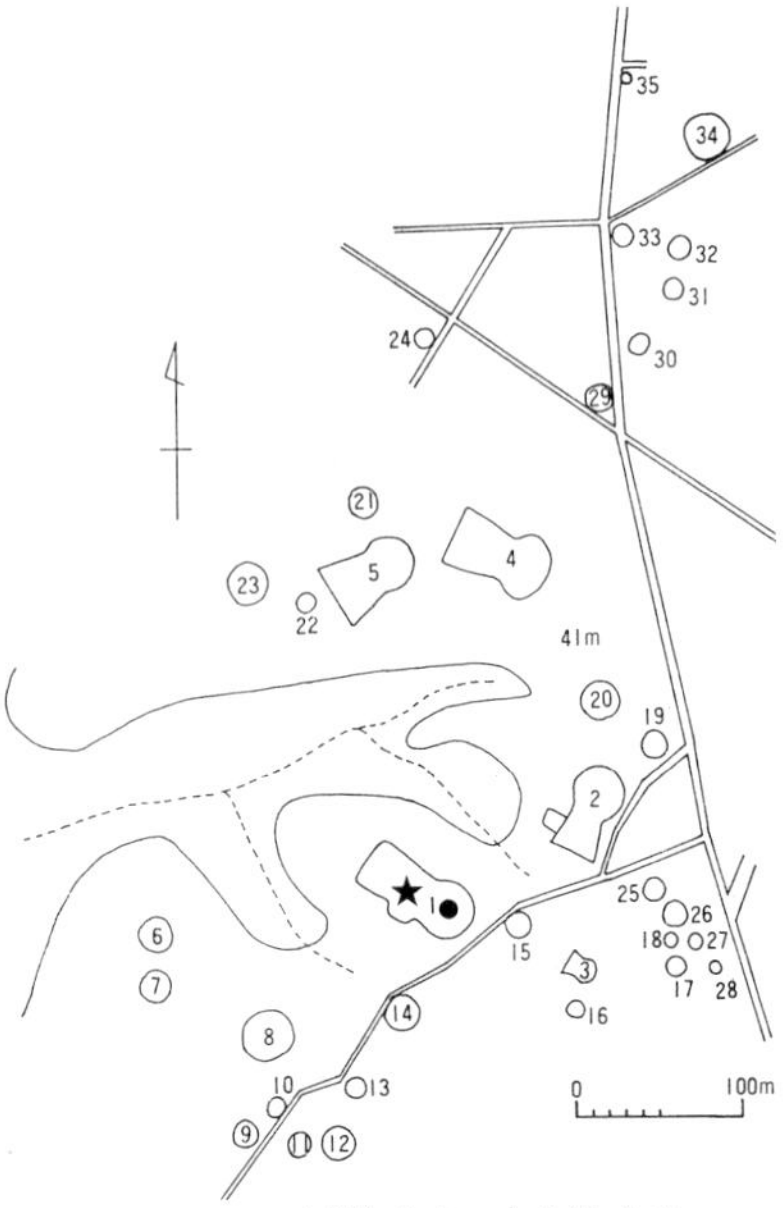

●埴輪あり　★人物あり

第7図　大生西古墳群（註19より改図）

その対岸に位置する大生西古墳群[19]は、北浦西岸の台地上に位置する古墳群の一つで、前方後円墳五基と円墳三〇基で構成されるが（第7図）、この大生西古墳群と隣接して東には大生東古墳群があり、これを合わせると相当大規模の古墳群となる。ここでは何基が埴輪をもつのか明確でないが、墳丘長約七〇mの中型の前方後円墳に人物埴輪が樹立されていたのは確実である。墳丘規模からは集団の長の墓に人物埴輪を樹立した例として認め得るが、検出できた埋葬施設はくびれ部に位置する造出部の端に構築された箱式石棺のみであった。熟年男性を埋葬したこの箱式石棺をこの古墳の主体となる埋葬施設であると考え得るのか、その副葬品を人物埴輪や埴輪馬の内容と対比すれば問題を含んでいる。

これらと現利根川下流域を挟んで対峙する位置にある千葉県の片野古墳群[20]は台地上に存在するが、調査された一画でも前方後円墳八基・円墳一八基が認められたように（第8図）、前方後円墳の数が多い。埴輪は墳丘長約三〇mの前方後円墳二基にのみ見ら

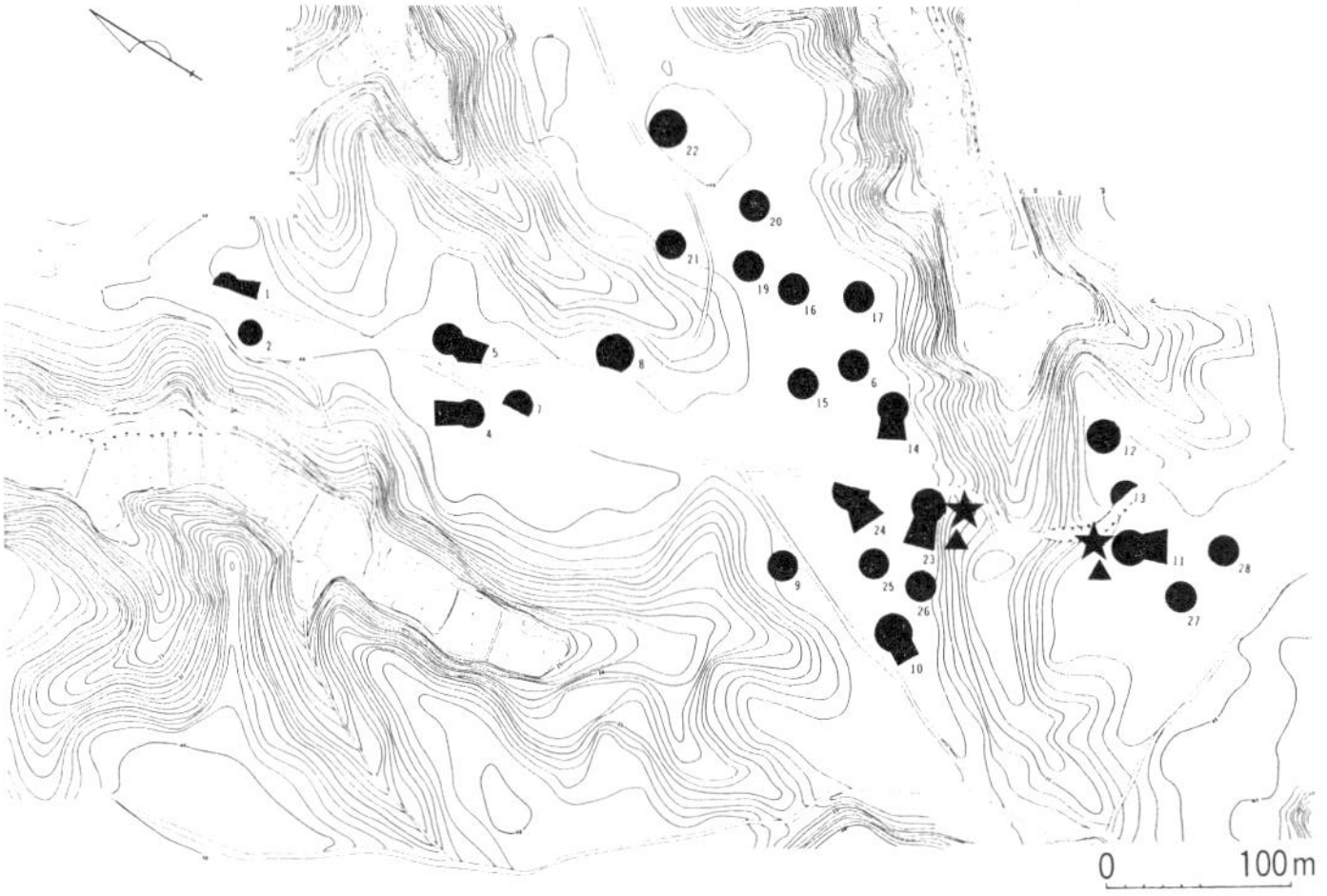

第８図　片野古墳群（註20より改図）

れ、二基とも人物埴輪を樹立している。ここでは、他の円墳に箱式石棺を用いている例があるのに対して、埴輪をもつ前方後円墳二基の埋葬施設は木棺を直葬したものであった。また、その二基の前方後円墳に樹立された埴輪の形態はまったく別種のものである。この二基の古墳が所属する小支群は分かれると見てよく、地形的条件で分けた支群でも別の支群に属するから、地縁はさておき血縁的には異なる集団の墓群と考えられる。したがって、二基の古墳に樹立された人物埴輪の様相が異なるのは、埴輪入手の経緯が地縁的集団で固定されていたのでなく、血縁的集団の事情に応じて行われることがあったからであろうか。それとも一つの地域に対する一つの埴輪供給集団の技法が変化したことによるのであろうか。

二　円墳での人物埴輪

(一)　古墳群の前方後円墳と円墳に人物埴輪を見る例

埼玉県の広木大町古墳群[21]は前方後円墳四基を含む八三基以上の古墳からなる古墳群である。前方後円墳一基と方墳三基を含む五一基が発掘された時の調査区域では、六世紀から七世紀にかけて形成された古墳群は、地形によって三支群に分かれると理解されている（第９図）。各古墳間の距離を考慮し、円筒埴輪の形態分類を基にして古墳の築造順を推測し、そして横穴式石室の開口方向や周溝の途切れた部分から墓道を想定した小渕良樹は、その三群がさらに細分され、第１支群では二つの小支群が、第３支群では三つの小支群が認められると分析した。もちろん、未調査区が残っているため地形に左右される支群がいくつの小支群で構成されたのかは不明であるが、埴輪を樹立した古墳群の実態を検討するに参考となる調査成果である。

さて、第１支群（第９図１）は、一五基のうち円筒埴輪をもつ古墳がおよそ半数の八基で、加えてさらに人物埴輪を樹立していた古墳は六基である。埴輪を樹立しない古墳には造営の時期が新しく七世紀に入るらしいものがあると推定されている。円筒埴輪を樹立する古墳すべてに人物埴輪が伴うのでないのは確実であろう。第１支群の小支群である１Ａ小支群は２基しか確認できないのでさておき、１Ｂ小支群では人物埴輪をもつ五基の円墳がある。周溝が重複したのは周溝を共有する意識もしくは同じ墓域におさめようとする意識が存在したためであり、そこに近くて強い関係を認めるとした小渕の想定に従うならば、氏の想定した墓道の認識が的確であるかは別にして、その墓道想定線で区切られるところの周溝が重複した一群を共有意識の強い一団の墓域と考えることもできるであろう。私は、この一団を血縁を軸とする一つの最小単位の血縁的集団であり、墓道想定線で区切られた一つの墓群をその血縁的集団の墓が時間を経て形成した結果と理解したい。この１Ｂ群を三つの墓群に分けるのが適当であるとすれば、少なくとも三つの血縁的集団の墓が集まって墓群を形成し、小支群と解釈されるような近接した占地をすることになったと理解することになろう。したがって、この１Ｂ小支群を形成した集団もまた血縁的集団群であったと想定することになる。１Ｂ小支群の構成を理解し易く例えるならば、小支群全体は律令期の郷戸的集団に近い血縁的集団群が形成した墓群であり、墓道想定線で区切られた各墓群は血縁的集団群を構成する律令期の房戸的集団に近い血縁的集団が形成した墓群に相当するのではないかと考える。この１Ｂ小支群を構成する各血縁的集団の墓では、ある時期に造営された古

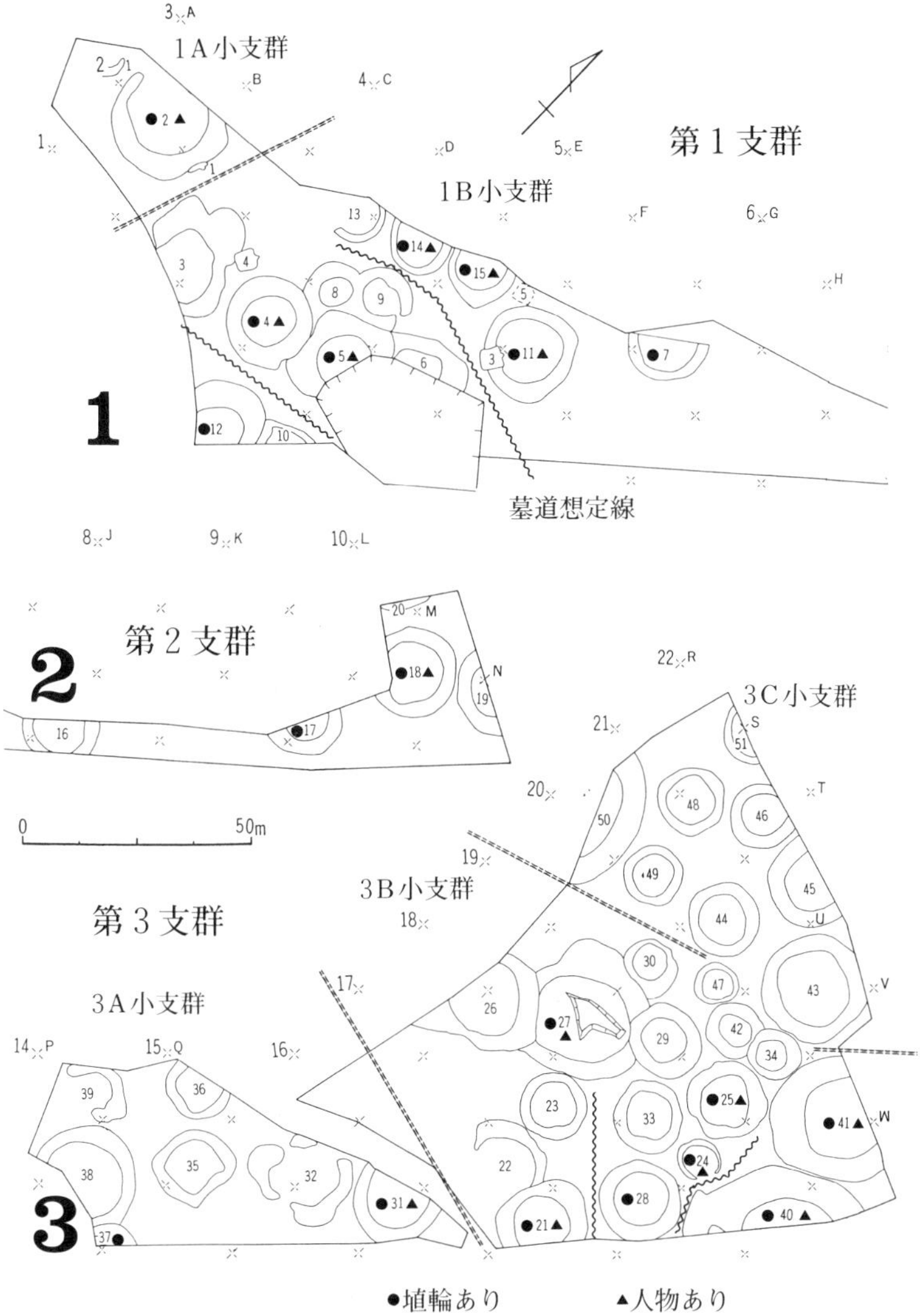

第9図　広木大町古墳群（註21より改図）

墳のほとんどに人物埴輪を樹立したように見える。もちろん円筒埴輪を樹立するだけで人物埴輪を樹立しない墓もある。

その傾向は、第2支群（第9図2）でも同じである。この第2支群のうち少なくとも四基が近接する墓群は小支群と理解してよく、ここでは円筒埴輪をもつ三基の古墳のうち一基のみが人物埴輪を樹立している。

第3支群（第9図3）は前方後円墳一基と方墳二基を含む三一基が検出され、三つの小支群に分かれるとされているが、また別の様相を示している。方墳二基を含む七基の3A小支群では円筒埴輪をもつ古墳が二基であり、人物埴輪はそのうちの一基にしか認められない。また、大型円墳らしき古墳を含む八基の3C小支群には埴輪を樹立する古墳がない。小渕が想定した墓道の方向が3A小支群とは異なる3B小支群は前方後円墳一基を含む一六基があり、二つ以上の血縁的集団の墓群で構成される小支群である。この小支群も血縁的集団群の墓群と考えるが、小渕の分析によれば小支群を構成する各墓群では埴輪をもたない円墳の後に人物埴輪を樹立する古墳が造営されたり、人物埴輪を樹立する円墳の後に同じく人物埴輪を樹立する前方後円墳が築造されたりしているという。円筒埴輪を持つ古墳は確実には七基で人物埴輪を樹立するのはそのうち六基を数える。注意すべきは、この3B小支群では前方後円墳が造営されることがあり、また、小型の円墳にも人物埴輪が樹立されたことである。この広木大町古墳群に前方後円墳が四基存在することを、この古墳群を形成した地縁的集団の代表的地位に就いた人物がある期間に四代存在したと関連付けて想定するならば、この3B小支群の前方後円墳の被葬者は血縁的集団群の長であると同時に、これら血縁的集団群の集合体である地縁的集団の長となることがあったと考えられる。その血縁的集団群に属していたから、小型の円墳にも人物埴輪が樹立され得たのであろう。

この広木大町古墳群の例からは、人物埴輪は地縁的集団の長の墓に樹立されることはもちろん、その地縁的集団を構成する血縁的集団群の長の墓にもまた樹立され、さらには血縁的集団群を構成する血縁的集団の長の墓にも樹立さ

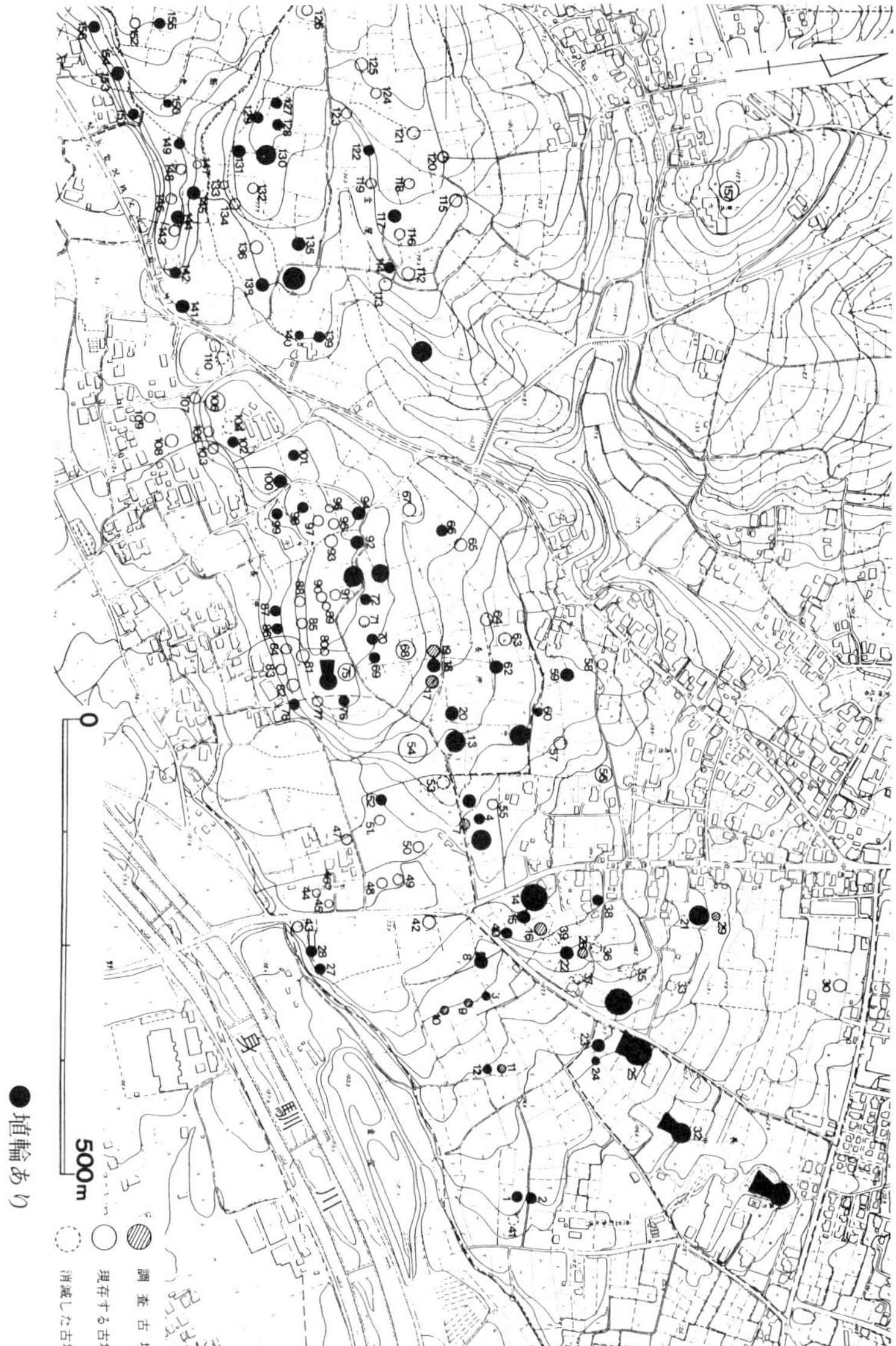

第10図　長沖・高柳古墳群（註22より改図）

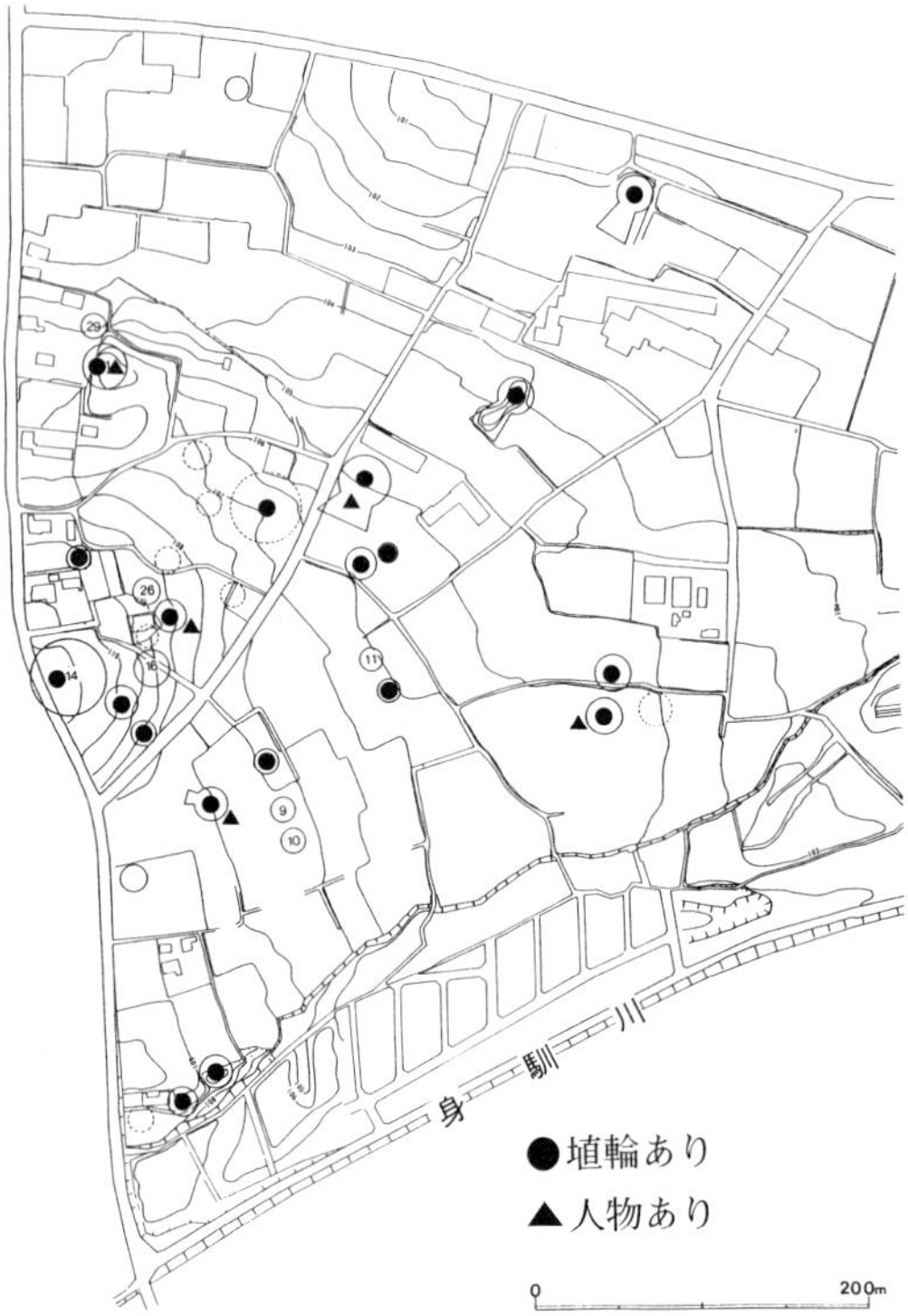

第11図　長沖古墳群（註22より改図）

れることがあったと推定できよう。ただし一方で、この古墳群での古墳の在り方は、血縁的集団の長の墓でありながら人物埴輪を樹立しない墓も存在したことを示している。

同じく埼玉県の長沖・高柳古墳群㉒はその広木大町古墳群の近くに位置し、やはり四基の前方後円墳を含む一五六基の古墳からなる一大古墳群である。この古墳群では一五六基のうち半数近くの七二基に埴輪が認められるという（第10図）。土地区画整理事業のために発掘調査が実施された長沖古墳群の一画である児玉南地区では、調査古墳二〇基のうち一四基に埴輪が認められ、さらに人物埴輪を樹立していたのはそのうちの五基であった。未調査の古墳や削平された古墳があるので、この一画には、過去に前方後円墳三基、帆立貝形古墳一基を含む合計三四基があったとされる（第11図）。埴輪をもつ古墳は一九基で、未調査ではあるが埴輪をもつ前方後円墳二基にも人物埴輪が存在すると想定すれば、この一画で人物埴輪を樹立する古墳は七基かと推測される。

この一画の群は長沖・高柳古墳群を構成する支群の一つであり、古墳の近接度を基準にするとその支群がさらにいくつかの小支群に分かれると判断される。埴輪をもつ古墳はその一つに集中することなく各小支群に散在し、人物埴

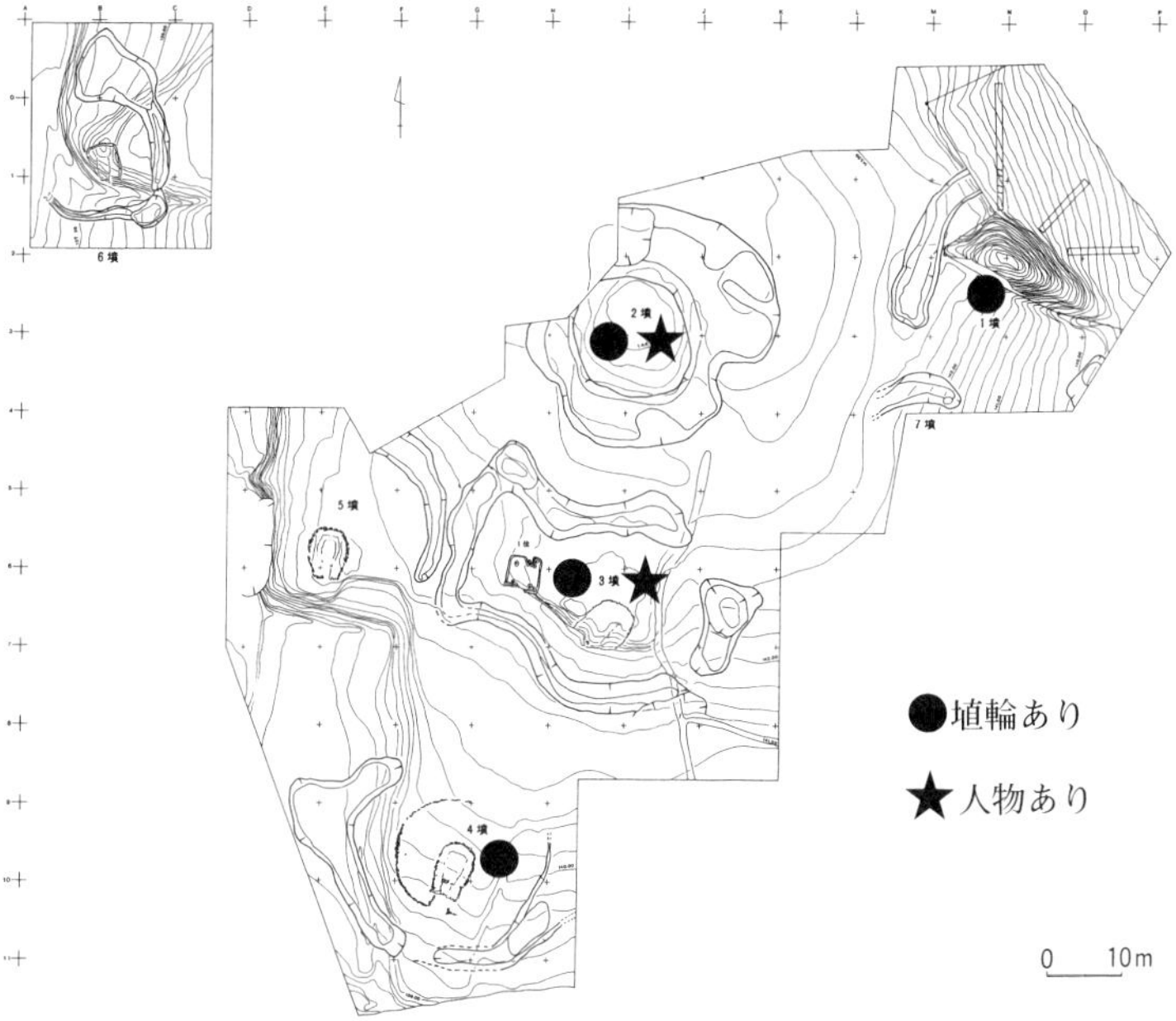

第12図　白石古墳群（註23より改図）

輪を樹立する古墳もまた広木大町古墳群と同様に散在して見られる。この長沖・高柳古墳群では、各小支群で埴輪を持つ古墳のうち一基に人物埴輪を樹立していたのであり、帆立貝形古墳や前方後円墳には確実に人物埴輪が樹立された。前方後円墳数の少なさを考慮すれば、その被葬者は地縁的集団の長と想定される。ここでも広木大町古墳群での場合と同じく、人物埴輪を供された被葬者層が最小単位の血縁的集団から最大の地縁的集団の代表までの各階層にわたるものであったと想定できよう。

同じく埼玉県の白石古墳群・羽黒山古墳群[23]は人物埴輪の樹立が多く見られる児玉郡域の一画に位置する古墳群で、この二つの古墳群に隣接する大仏古墳群を加えると一一〇基をはるかにこえる数の大古墳群となる。白石古墳群では小型の帆立貝形前方後円墳を含む六基の古墳が調査され、五基に埴輪をもつが人物埴輪は墳丘長三〇m強の前方後円墳と隣接する円墳の二基にしか樹立されていなかった（第12図）。ここでは、最小単位の血縁的集団の長が地縁的集団

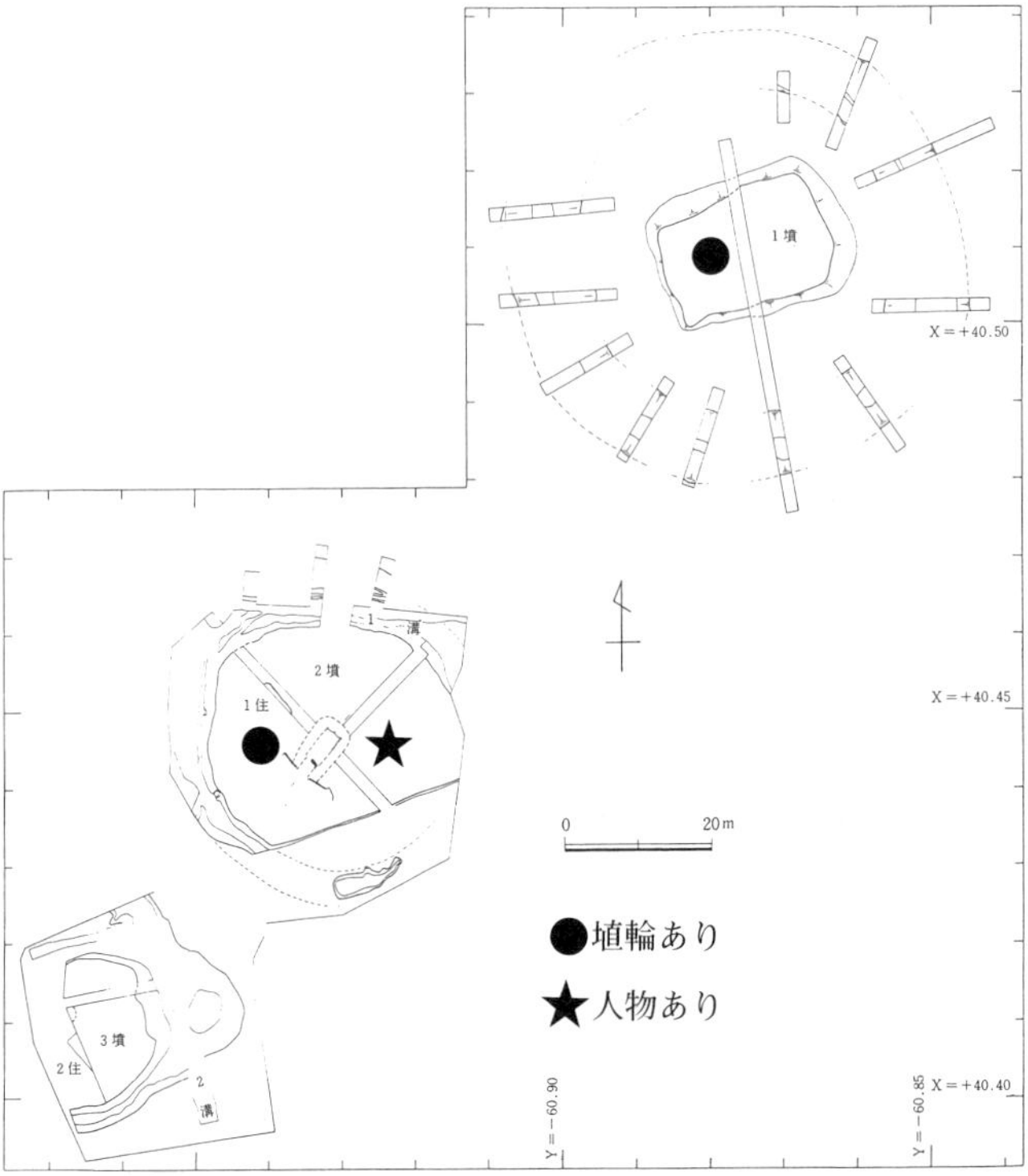

第13図　今井神社古墳群（註24より改図）

の代表にも就いたことを想起させる。しかし、その帆立貝形前方後円墳の横穴式石室から四個の耳環が検出され、少なくとも二人の埋葬があったと推定されるので、人物埴輪は誰に供されたのかという課題が残る。一方の羽黒山古墳群では方墳を含む八基の古墳が調査され、三基の古墳に埴輪を認めたが人物埴輪は樹立されていなかった。

　群馬県の今井神社古墳群[24]は墳丘長約七〇mの中型の前方後円墳である今井神社古墳を中心とする古墳群で、『上毛古墳総覧』によれば二七基で構成されていたという。三基の円墳の調査（第13図）では、墳丘径が四〇mをこえると推定されるにもかかわらず、1号墳のトレンチからは円筒埴輪片が極く少量しか発見されていない。ところが墳丘径が三五m前後の2号墳には人物埴輪が樹立されていた。そして、3号墳には埴輪は樹立されなかった。2号墳の円筒埴輪には今井神社古墳に樹立された埴輪と酷似するものがあるとされ、また、今井神社古墳に近接して位置するから、この古墳群は中型前方後円墳の被葬者であり中地域の長となったかも知れぬ人物と関係の深い血縁的集団の墓群と想定してよいであろう。そのような性格をもつ集団の墓群でありながら、やはりすべての古墳に埴輪が樹立されたのではなかった。なお、2号墳の埋葬施設である横穴式石室から検出された人骨は七体以上とされ、耳環が一九個出土しているから少なくとも一〇人の埋葬が推定されている。その石室前に樹立された人物埴輪は、一〇人のうちの誰に供されたと判断できるのであろうか。

群馬県中部に位置する峯岸山古墳群㉕は小型前方後円墳四基を含む五〇基以上の古墳群とされていたが、発掘調査の結果は帆立貝形を加えて七基の前方後円墳が認められることとなった。三〇基の古墳を調査したが、埴輪をもつ古墳は一四基でそのうち人物埴輪を樹立した古墳は六基である（第14図）。竪穴系の石室をつくる古墳のうち人物埴輪を樹立した古墳は、前方後円墳一基と円墳一基の二基であった。横穴式石室をつくる古墳のうち人物埴輪を樹立した古墳は、帆立貝形古墳を含む前方後円墳三基と円墳一基の四基となった。

この峯岸山古墳群は占地から、南部に二つの支群と中部に一つの支群それに北部に一つの支群の、四支群に大きく分かれる。南部の東の支群は未調査の前方後円墳が人物埴輪を樹立しているか不明なので検討を控えるとして、中部の支群からは一つの傾向を見ることができる。中部支群の西側の一群は竪穴系の石室をつくる小支群から横穴式石室をつくる南北二つの小支群へ分かれていくが、北の小支群で人物埴輪をもつ古墳が円墳であるのに対して、南の小支群で人物埴輪をもつ古墳は帆立貝形の古墳となる。つまり、竪穴系の石室をつくる時期の前方後円墳の被葬者の地位を継いだのが南小支群の帆立貝形古墳の被葬者であると見ることもできる。中部支群の東側の小支群は調査範囲内だけから言えば、竪穴系の石室をつくり人物埴輪を樹立する円墳から横穴式石室をつくる古墳へと変遷するが、横穴式石室をつくる時期には人物埴輪を樹立していない。北部支群の調査範囲内からでは、竪穴系の石室をつくる時期には

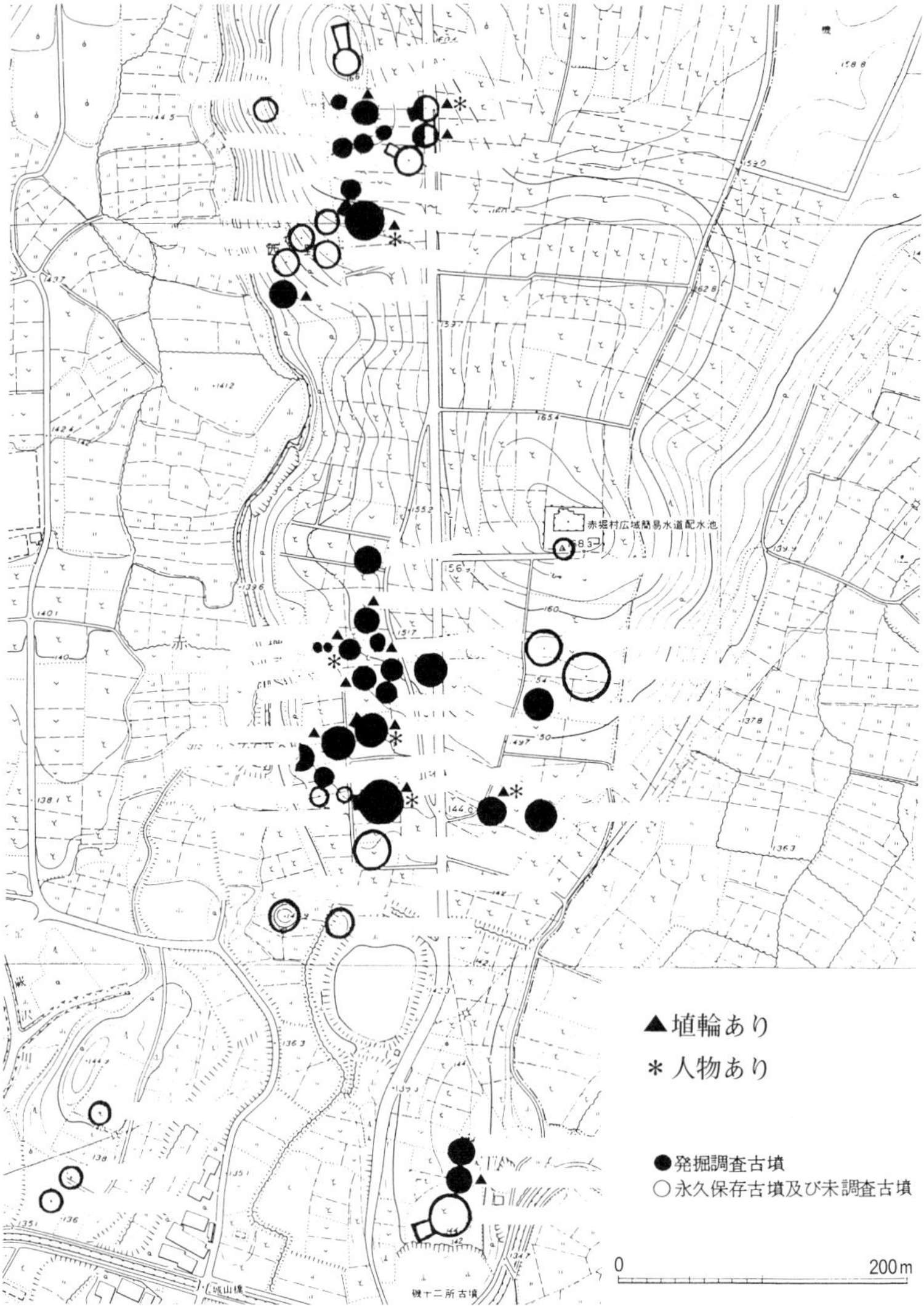

第14図　峯岸山古墳群（註25より改図）

埴輪をもつ円墳があるものの人物埴輪を樹立せず、横穴式石室をつくる時期になって帆立貝形古墳を含む前方後円墳に人物埴輪を樹立した可能性も残る。

　この峯岸山古墳群でも帆立貝形古墳を含む前方後円墳に人物埴輪を樹立した古墳が多いという傾向が見られるが、前方後円墳の採用は埼玉県の長沖・高柳古墳群や白石・羽黒山古墳群における前方後円墳の在り方と異なっているように見える。ここの帆立貝形古墳の被葬者を血縁的集団群の長に似た姿と見るならば、人物埴輪の樹立は被葬者の地位に対応するものであったと考えることもできようが、一方で、帆立貝形古墳より小規模の円墳で人物埴輪を樹立する場合があることから、人物埴輪の樹立は血縁的集団群を構成する下部の単位集団である血縁的集団の長に対するものでもあった可能性も残っている。なお、埴輪をもつ古墳と同規模かそれより小型の古墳で埴輪をもたないものもあることを留意しておきたい。

　群馬県東部に位置する成塚古墳群[26]は西に二ツ山一号墳・二号墳、南に亀山古墳・鶴山古墳といった大型前方後円墳が存在する地域の一画にあり、四五基以上の古墳で構成される。四本の列状をなす微高地に四つの支群が存在し、調査された支群は南端のもので帆立貝形前方後円墳・方墳各一基を含む九基の古墳が確認された（第15図）。すべてが埴輪をもち、帆立貝形前方後円墳と円墳の計五基に人物埴輪を樹立したことに特色がある。この成塚古墳群は過去に約七割の古墳に埴輪を見たと言われ、各支群には前方後円墳あるいは大型円墳が含まれて埴輪をもつなど、埴輪樹立古墳の比率が高い古墳群である。古墳群の形成過程が不明であるため被葬者層の性格を推定することは難しいが、近くの同じような微高地に大型前方後円墳が存在することから、この古墳群をやや特殊な集団の墓群と想定すべきかもしれない。

　茨城県の杉崎コロニー古墳群[27]は二つの支丘上に位置する前方後円墳五基と円墳一五基で構成される古墳群である。Ｃ支丘上での支群は前方後円墳四基と円墳一一基を数えるが、埴輪は前方後円墳四基と円墳二基の計六基に見るとさ

▲埴輪あり　＊人物あり　●調査古墳

第15図　成塚古墳群（註26より改図）

れる（第16図）。このC支丘上の支群は四つの小支群に分かれるとされ、埴輪は東の小支群では帆立貝形前方後円墳の可能性ありとする未調査の円墳一基に、中の小支群では帆立貝形前方後円墳一基に、西の小支群では帆立貝形前方後円墳三基と円墳一基に認める。少なくとも各小支群の一基が埴輪をもつ状況である。各小支群にまたがって帆立貝形前方後円墳二基と円墳四基を調査した範囲内では、帆立貝形前方後円墳二基と円墳一基の三基に人物埴輪の樹立が見られた。これらの帆立貝形前方後円墳が支群内で分布する状況からは小支群間に優劣の差があると看てとれるが、小支群を構成す

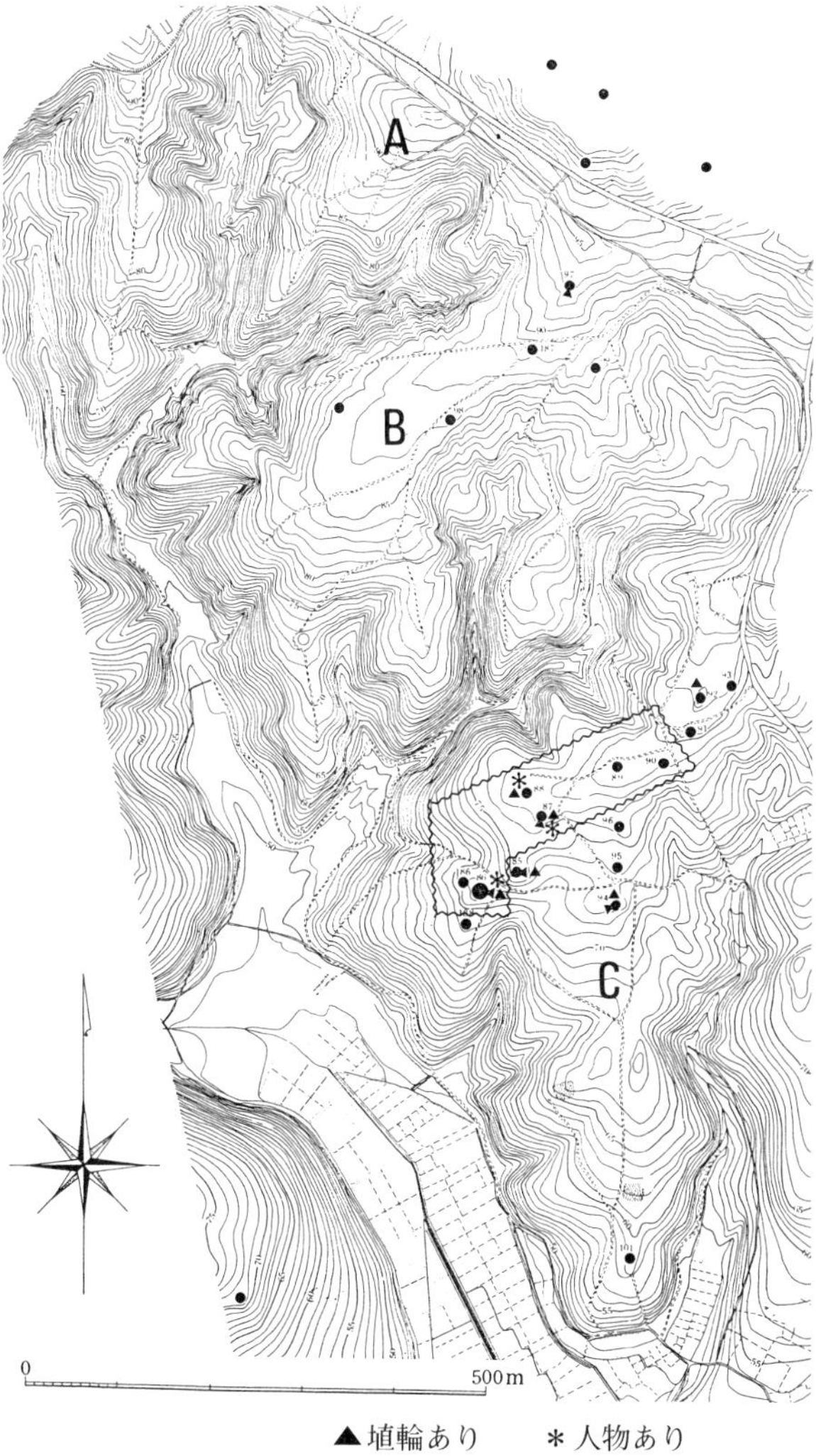

第16図　杉崎コロニー古墳群（註27より改図）

る古墳数も少なく、帆立貝形前方後円墳はすべて三〇ｍに満たない規模であるので、その被葬者は各小支群を形成した血縁的集団の長であったことを示しているかのようである。また、挂甲を着けた武人埴輪があるにもかかわらず、埋葬施設には武器・武具が副葬されていないという注意すべき事実がある。樹立された人物埴輪群のうちもっとも上位と見るべき人物がその古墳の被葬者ではなかった可能性を示す好例と言えよう。

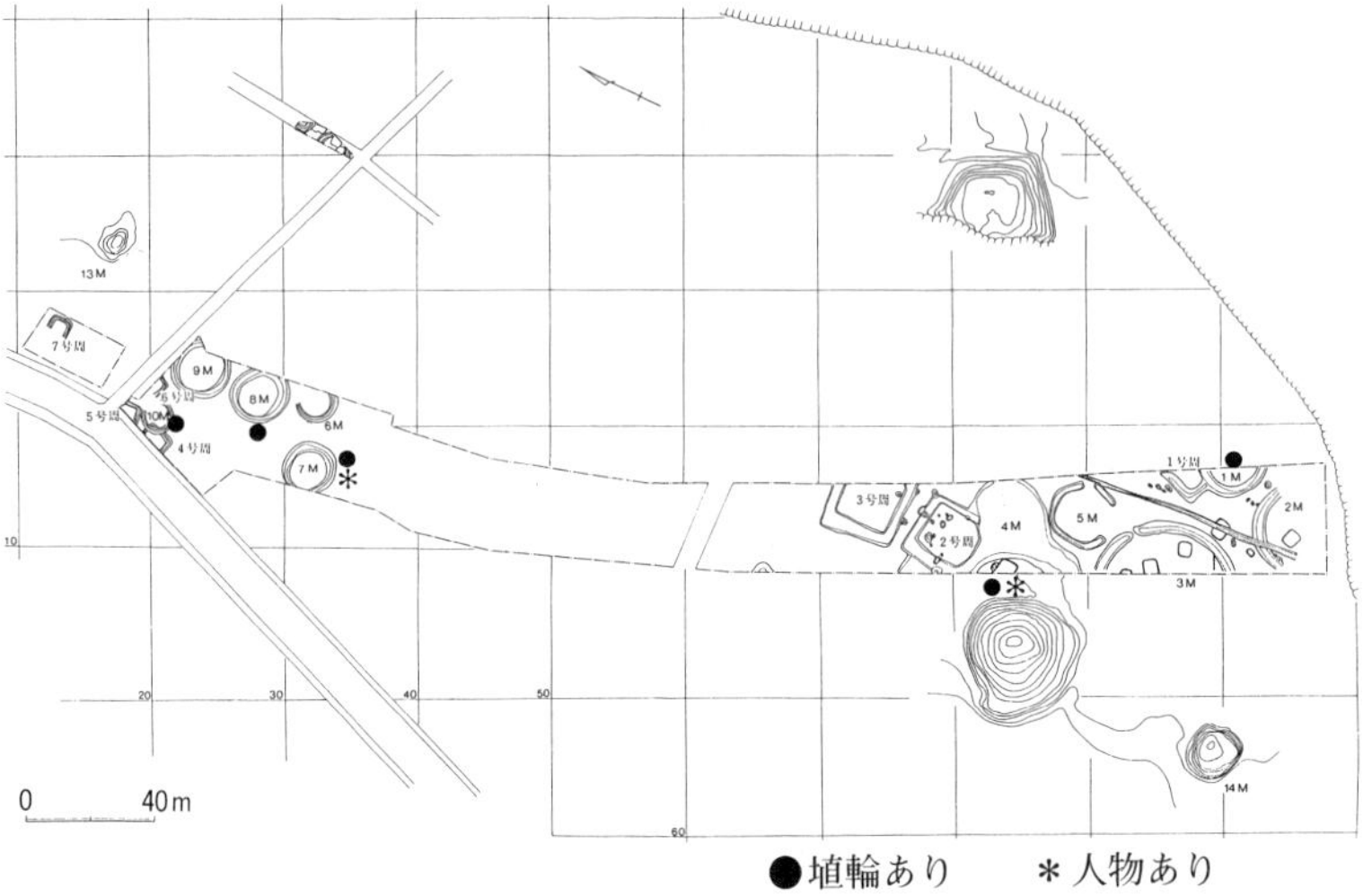

第 17 図　古凍古墳群（註 28 より改図）

(二) 古墳群の円墳にのみ人物埴輪を見る例

埼玉県の比企郡内に所在する古凍古墳群(28)は、部分的にせよ墳丘が現存する九基の古墳のほかに一部区域の発掘調査でさらに一〇基の古墳が検出されていることから、多数の未確認古墳を含む群構成であったと推定される。なお、この古凍古墳群に地縁的集団の長の墓と推測できる前方後円墳が認められないのであれば、この地に居住した地縁的集団の墓群としては、その北に隣接する柏崎古墳群を含めて一つと考えるのが適切である。

さて、この古凍古墳群の調査された一画では、二か所に分かれて五基ずつの古墳が集合して確認された（第17図）。埴輪をもつ古墳が計五基で、そのうち人物埴輪を樹立したのは二基の円墳だけであった。それも各小支群に一基ずつ分散する。小支群毎に見れば、半数近くの古墳が埴輪をもち、そのうちの一基が人物埴輪を樹立したことになる。この様相は広木大町古墳群や長沖古墳群における円墳での人物埴輪樹立状況と同じと看て取れないこともない。古凍古墳群では、周辺に和名埴輪窯跡群や桜山埴輪窯跡群があるので埴輪の供給は充分であったと想定されるにもかかわらず、小支群の一つでは中型の円墳に、もう一つの小支群では小型の円墳に人物埴輪が樹立されていただけである。ここでも、人物埴輪は血縁的集団の長といった層の被葬者にのみ供されたのでなく、それ以下の構成員である血縁集団の長にも供された場合があったことを想定できよう。

同じく埼玉県の生出塚遺跡㉙では先の古凍古墳群の例よりも、もっと埴輪窯に近い位置に古墳がある。この近くには馬室埴輪窯跡群もあるが、それよりも古墳群に隣接して生出塚埴輪窯跡群が存在する。埴輪窯跡群と混在する形にある五基の古墳のうち、埴輪をもつものは二基でしかも人物埴輪を樹立していたのは一基であった（第18図）。これらの古墳の造営期間は埴輪窯の操業期間と重複するものが多いと考えられていることからすれば、当該時期の古墳すべてに人物埴輪を供することも不可能ではなかったのであろうが、事実はそうでなかった。政治的地位や世襲的身分のみを理由として人物埴輪が古墳に樹立されたのではないとしても、一方では要望があったものすべてに人物埴輪が供給されたのでもないことを示している例と言えよう。人物埴輪を樹立するにはそれなりの事情が存在したと想定すべきであろうか。

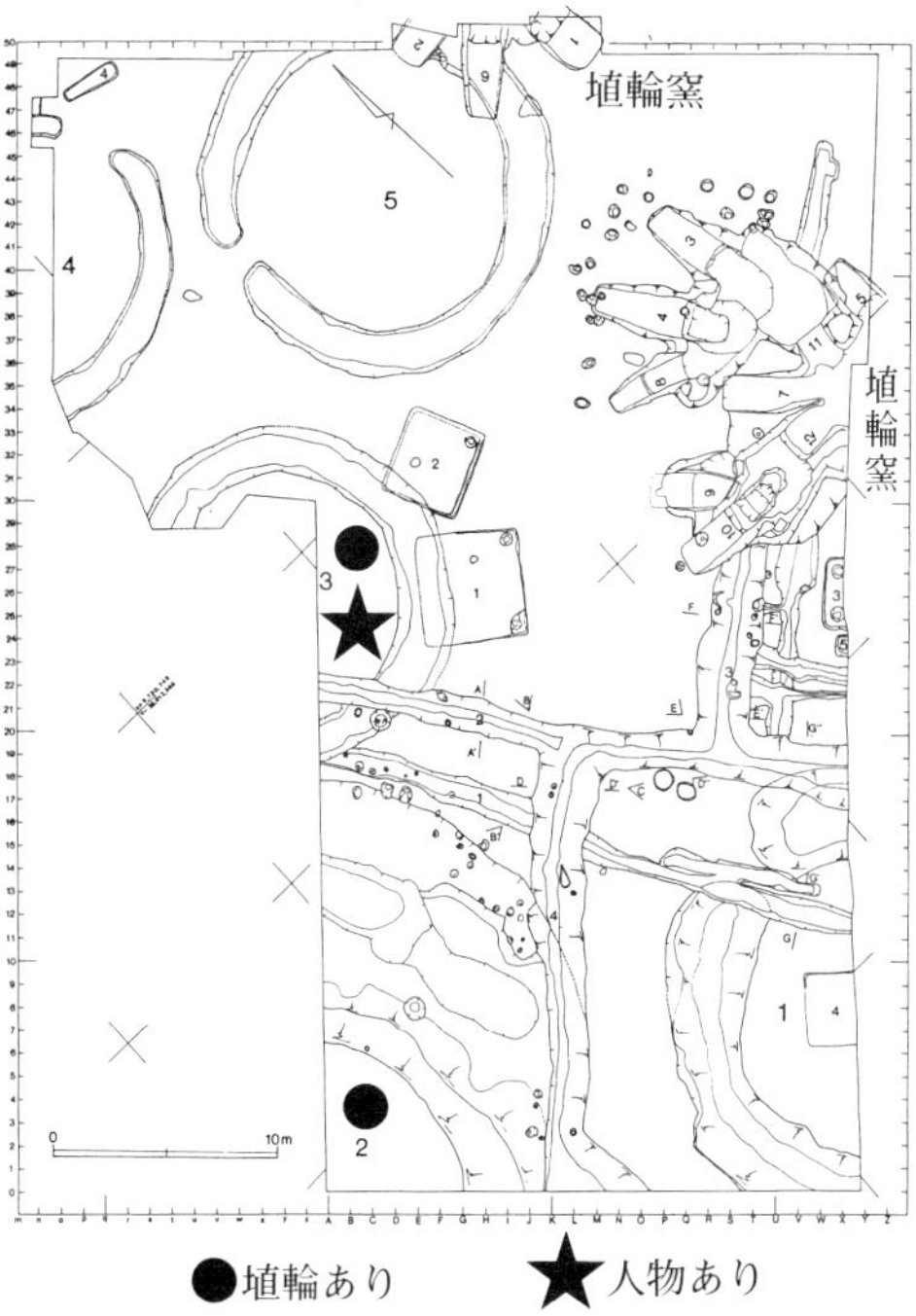

第18図　生出塚遺跡（一部）（註29より改図）

群馬県西部に位置する芝宮古墳群㉚は鏑川流域最大の古墳群で百数十基を数えたと言われ、確認できた一〇三基のうち三五基が埴輪をもつとされる。発掘調査が行われた一区画の九基の円墳のうちでは四基が埴輪をもち、かつ、四基とも人物埴輪を樹立していた（第19図）。ここでは、

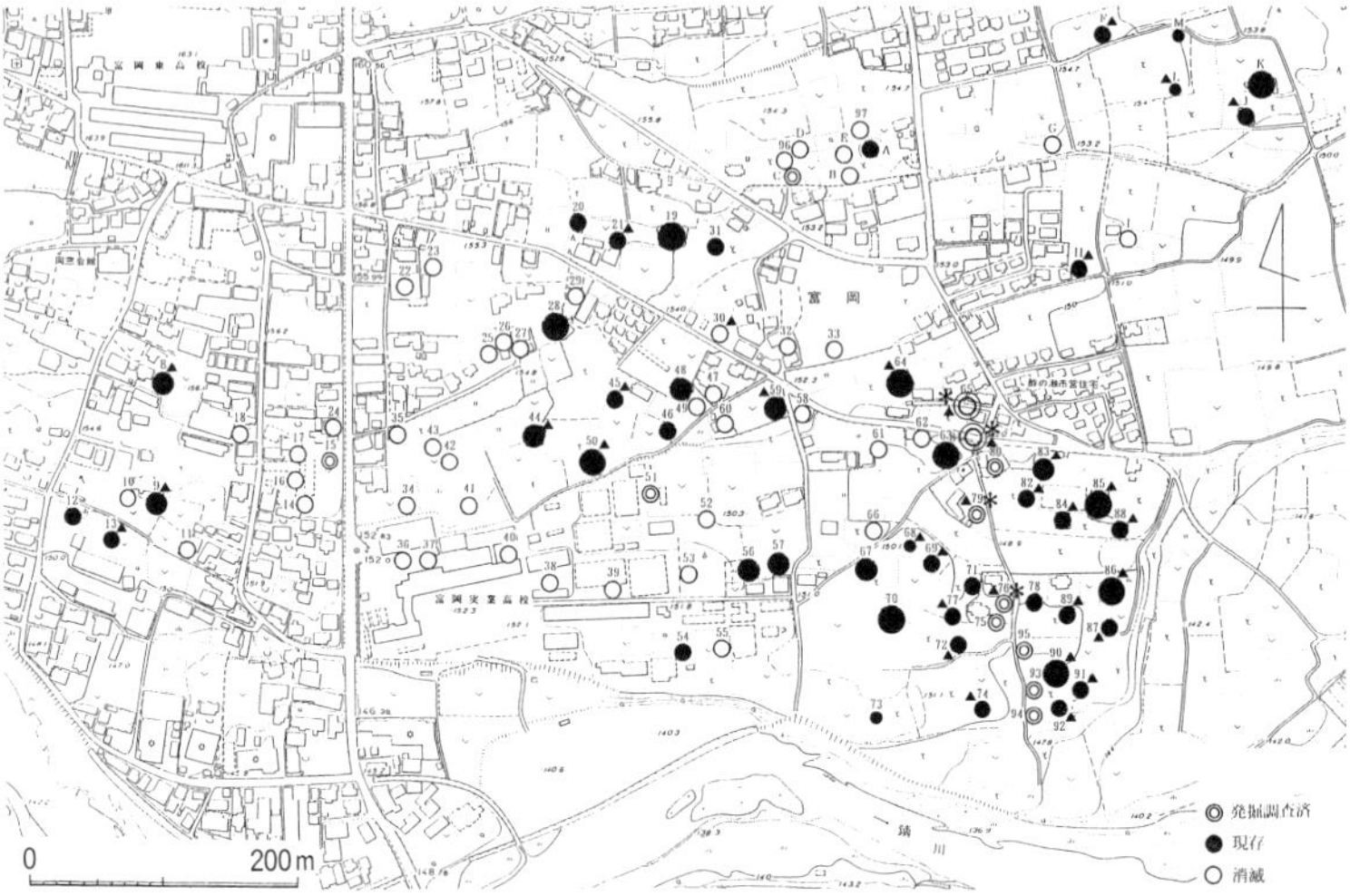

▲埴輪あり　　＊人物あり

第19図　芝宮古墳群（註30より改図）

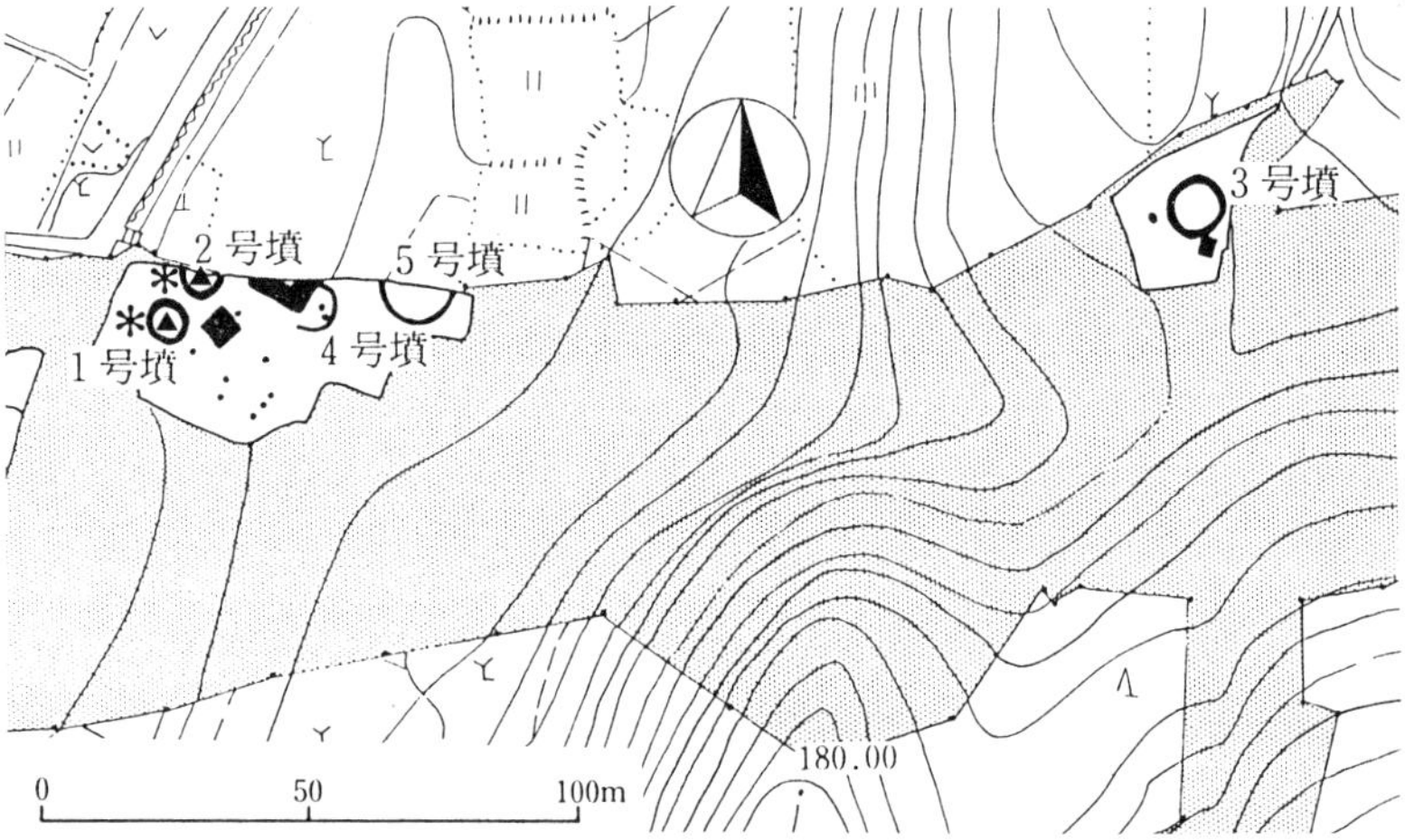

▲埴輪あり　＊人物あり

第20図　神保下條遺跡（註31より改図）

埴輪をもつ古墳がすべて人物埴輪を樹立したように見えるが、別の一画に位置する大国塚２号墳では円筒埴輪をもつが人物埴輪は確認されていないらしいことから、埴輪をもつが人物埴輪は樹立しない古墳も存在すると推定できる。一方で、路線調査のため部分的ではあるが、四基の人物埴輪を樹立する古墳の間にあって規模も形態も似た一基が埴輪をもたないことにも留意しておかねばならない。この古墳群は血縁的集団群で構成する地縁的集団の墓群であると想定できるにもかかわらず、前方後円墳はまだ確認されていない。今後に確認されるかもしれないが、ここでは前方後円墳を含まぬ古墳群での人物埴輪の樹立例の一つとしておきたい。

群馬県中部に位置する神保下條遺跡㉛は九〇基以上の古墳で構成される多胡古墳群の南端に位置する一群で、五基の古墳が調査された（第20図）。六世紀代の二基は墳丘径が一〇m弱の小型円墳であるにもかかわらず、二基ともに人物埴輪が樹立されていた。ある時期には小型円墳にも人物埴輪が樹立されるほど盛行した例と見ておきたい。

同じく群馬県中部に位置する白藤古墳群㉜は前方後円墳を含まぬ五二基の古墳が調査され、一四基の円墳が埴輪をもち、そのうちの四基が人物埴輪を樹立していたとされる（第21図）。なお、さらに二基の古墳に馬埴輪を認めているのでここにも人物埴輪を樹立していた可能性がある。人物埴輪をもつ円墳は一か所に集中することなく、各小支群に一基ないし二基が分散していると考えられる。また、人物埴輪をもつ円墳は平均的墳丘規模を示すものに多いが、中には平均より小規模の円墳もある。白藤古墳群では前方後円墳を認めないので、近くに所在して前方後円墳を含む月田古墳群やその中間にある湯ノ窪古墳群をまとめて地縁的集団の墓群と想定したほうがよいかもしれない。ここでは、最小単位の血縁的集団の構成員の墓が帆立貝形や小型の前方後円墳となることなく、その一部の者の墓に人物埴輪が樹立された例と理解しておくべきであろうか。

さらに同じく群馬県中部に位置する地蔵山古墳群㉝は五五基で構成される古墳群のうち円墳四二基が調査された（第22図）。達磨山古墳を含む四三基のうち埴輪をもつ古墳は一五基で、そのうち人物埴輪を樹立した古墳は八基ある。

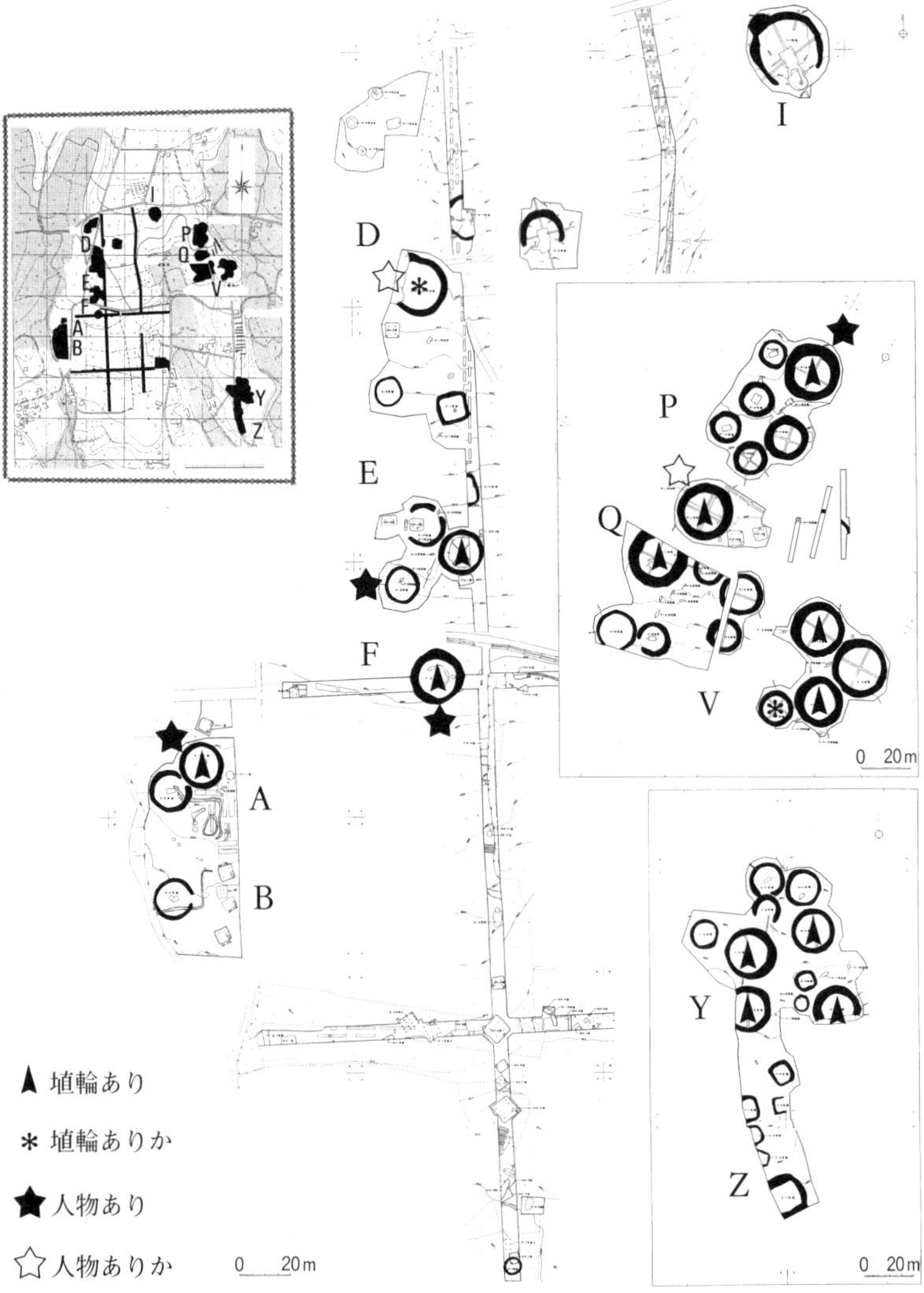

第21図　白藤古墳群（註32より編改図）

＊埴輪あり

★人物あり

第22図　地蔵山古墳群（註33より改図）

その八基のうち、竪穴系の石室を持つ円墳が一基で、他の七基は横穴式石室を持つ円墳である。竪穴系の石室をつくる時期には埴輪をもつ古墳の中で人物埴輪より円筒埴輪のみを樹立する円墳のほうが多いが、横穴式石室をつくる時期になると円筒埴輪をもつ円墳の多くが人物埴輪も樹立する。しかし、横穴式石室をつくる時期にも、円筒埴輪のみを樹立した円墳もあれば、埴輪をもたない円墳もある。しかも、比較的規模の大きい円墳でも埴輪をもたず、一方ではそれより小規模の円墳に人物埴輪を樹立している。ここは群集密度が高いために小支群を明確に区別することは困難であるが、人物埴輪を樹立する円墳は二基もしくは一基単位にやや離れて占地していると見ることができよう。六世紀後半に造営された人物埴輪を樹立する円墳に隣接して、あるいは、人物埴輪を樹立する円墳の間の狭い区域に、埴輪を樹立しなくなった時期の円墳が築造されていくことから、人物埴輪を樹立する円墳を中心とする小支群の形成に血縁的集団の存在を想定できなくはない。もっと

▲埴輪あり　△埴輪ありか　★人物あり　＊人物ありか

第23図　明神山古墳群（註34より改図）

も、埴輪を樹立しなくなった時期には、この小支群とは別の区域に新たに古墳造営が展開される小支群もある。ここでも、一時期に盛行した人物埴輪樹立の風習が前方後円墳を造営することのなかった円墳を主体とする古墳群にまで及んだ例を見る。血縁的集団が形成したと見られる墓群の中の一ないし二基に人物埴輪が樹立されていることからすれば、前方後円墳に類する形態をとらなかったけれども、血縁的集団の長などに対して人物埴輪が供されたと見ることができよう。

栃木県西部に位置する明神山古墳群[34]は渡良瀬川流域の独立丘陵にあって前方後円墳一基・円墳三三基で構成される古墳群とされ、一〇基の円墳が調査された（第23図）。そのうち八基に埴輪が伴うかもしれないとされるが、確実には五基に樹立が認められる。この明神山古墳群では北の小支群に二基、南の小支群に二基の計四基に人物埴輪が樹立されたらし

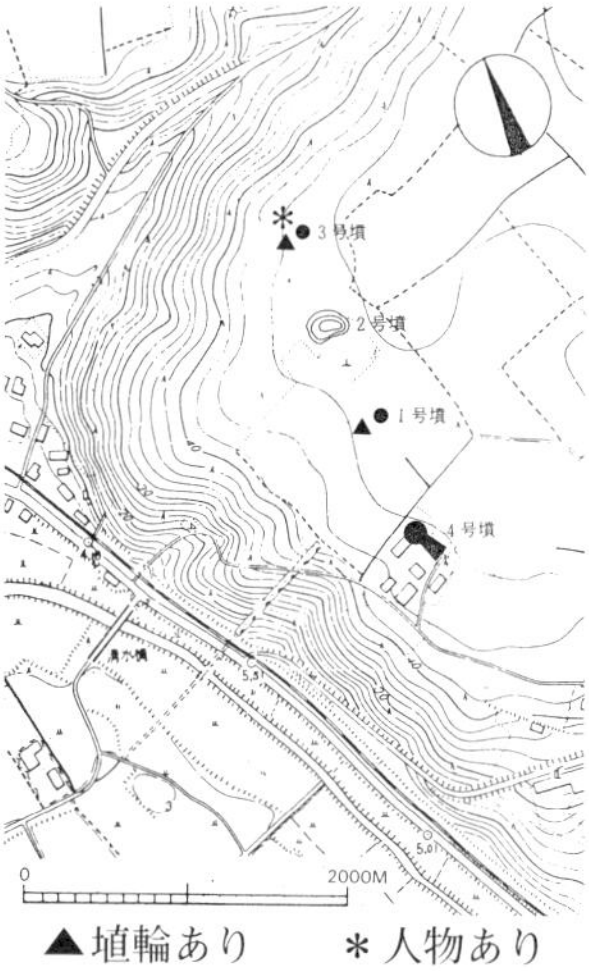

第 25 図　西大塚古墳群（註 36 より改図）

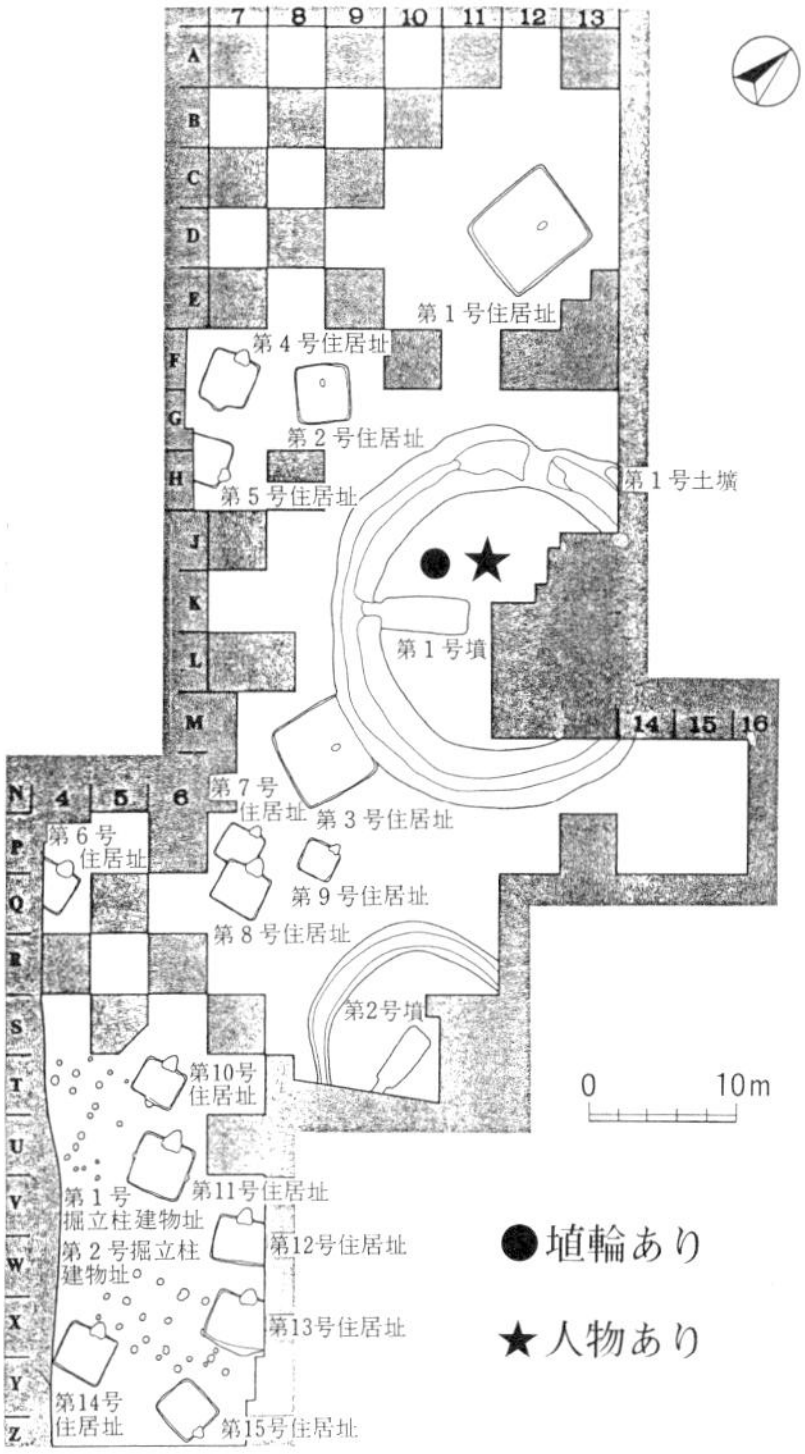

第 24 図　吹上古墳群（註 35 より改図）

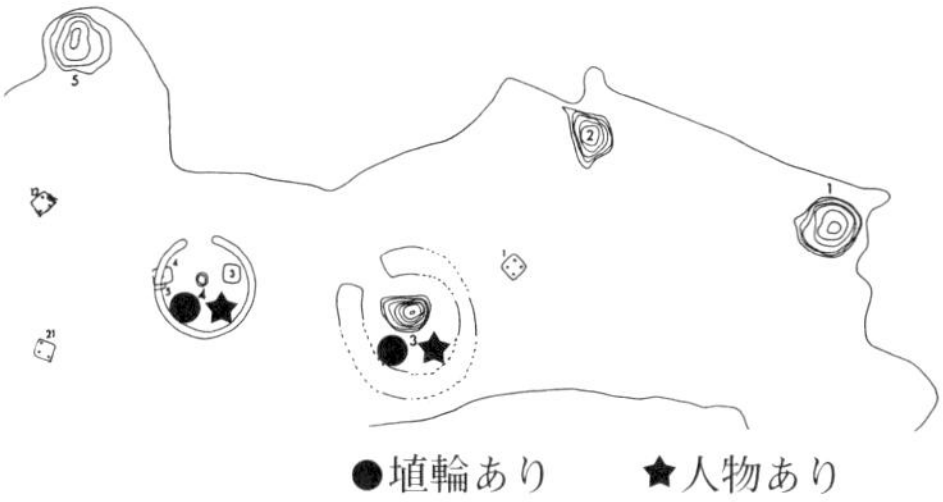

第 26 図　堀ノ内古墳群（註 37 より改図）

い。いずれも横穴式石室をつくるもので、等質的古墳のうち四基にのみ人物埴輪を樹立したことに、人物埴輪の採用には特別な事情があったのだろうと想定される。被葬者の層は地蔵山古墳群における場合と同じく考えてよいであろう。

茨城県北部に位置する吹上古墳群(35)は六基以上の古墳からなる古墳群で、二基が調査されて、やや大きめの円墳一基に人物埴輪が認められた（第24図）。人物埴輪樹立を前方後円墳に見ることが多い茨城県地方の傾向とは異なって、円墳である点が茨城県でも北部の地域的特色ともなるのであろうか。

同じく茨城県北部に位置する西大塚古墳群(36)は前方後円墳一基と円墳三基からなるとされる（第25図）。埴輪は円墳かと見られている二基に認められ、そのうちの一基に人物埴輪が樹立されていた。ここでは前方後円墳に埴輪が見られない。ここもまた、茨城県北部の地域的特色を示していると見ることができよう。

千葉県北部に位置する堀之内古墳群(37)は現利根川下流域の台地上に占地する五基からなる古墳群で、二基の円墳が埴輪をもち、人物埴輪も樹立していた（第26図）。二基とも木棺を直葬したものと見られ、一基からは立花を検出しているので、六世紀前半代でも早い時期に造営されたと判断される。この群では六世紀後半代に埴輪をもつ古墳がなく、円墳にのみ人物埴輪を見る点に特色がある。

三　人物埴輪樹立古墳の階層と地域性

関東でも五世紀後半代に大型前方後円墳の造営に際して人物埴輪が樹立され始めた。その時期は近畿地方において人物埴輪が導入された頃とそれほど隔たるものではないであろう。五世紀後半代は、埼玉稲荷山古墳や稲荷台一号墳(38)に副葬された有銘鉄剣から想定されるように、関東豪族の軍事力が近畿の王権にとって有力な軍事基盤となったことが確立した時期でもある。内裏塚古墳や三昧塚古墳や埼玉稲荷山古墳の人物埴輪が、その被葬者達の王権に対する貢献と関わりがあったから樹立されたとする推測も否定はできない。しかし、関東の軍事基盤を担ったであろう人物達のうち、短甲を保有した人物を埋葬した円墳には人物埴輪を樹立することがまずなかったことを考慮に入れるならば、近畿の王権に対する貢献と関わりがあったから人物埴輪が導入されたとしても、人物埴輪は大型前方後円墳に埋葬された地域首長層の死者儀礼に用いられることが専らであったと考えられる。

六世紀に入って、前半代の人物埴輪樹立は地域首長墓と比定できる大型前方後円墳に継続するのはもちろんのこと、その下位の中型前方後円墳にも拡大していくと見てよいであろう。ただし、この時期の中型前方後円墳や小型前方後円墳は古墳群中の他の円墳などとともに調査された例は少なく、古墳群における位置付けが不明確な例も多い。一方、同じ時期には小支群の円墳に人物埴輪を樹立する例が見られ始める。例えば、群馬県中部の峯岸山古墳群・白藤古墳群・地蔵山古墳群・神保下條遺跡や千葉県北部の堀之内古墳群の円墳にその例がある。峯岸山古墳群ではその後の時期に増えた帆立貝形前方後円墳にも人物埴輪が樹立され始め、白藤古墳群や地蔵山古墳群ではその後の時期に人物埴輪を樹立する円墳が増えたりしている。しかし、堀之内古墳群ではその後に造営された古墳には人物埴輪を樹立することがなかった。

そして、六世紀後半代になると、人物埴輪を樹立した古墳がもっとも多様になった様相を顕著に見て取れる。帆立貝形にせよ前方後円墳を採用した古墳にのみ人物埴輪を樹立した例として群馬県西部の堀ノ内遺跡群・栃木県の上原古墳群・茨城県の宮中野古墳群・千葉県の片野古墳群などの調査例をあげうる。一方で、同一群中の前方後円墳や円墳にも人物埴輪樹立が見られる例として埼玉県の広木大町古墳群・長沖古墳群・白石古墳群や群馬県中部の峯岸山古墳群・東部の成塚古墳群、そして茨城県の杉崎コロニー古墳群などがある。そして、古墳群の中で人物埴輪の樹立は円墳のみであるがその数が増える例として群馬県西部の芝宮古墳群・中部の白藤古墳群・地蔵山古墳群・栃木県西部の明神山古墳群などをあげうる。

とくにこの六世紀後半代では、関東でも地域によって異なる地域性を見ることができよう。茨城県南部や千葉県では小型であっても前方後円墳の形態をとる古墳に人物埴輪を樹立した例が多く見られ、群馬県から栃木県西部にかけては古墳群の円墳主体に人物埴輪を樹立する例が多い。この傾向を埴輪製作とその供給の問題と関連付けて、群馬県から栃木県西部にかけては大規模な埴輪製作地が存在するから円墳にも人物埴輪が多く供給された結果であると見ることも可能である。しかし、大量の埴輪を供給できる埴輪製作地が存在したからそのような結果となったのか、それとも大量の埴輪を必要としたから大規模な埴輪製作地が存在することとなったのか、その因果関係はまだ明らかでないから、埴輪製作とその供給に関係付けて解釈するのはもう少し検討を要する。一般的に唱えられている六世紀後半代の社会構造からすれば、同一群中の前方後円墳や円墳に人物埴輪樹立が見られる古墳群が典型的な例かと思えるが、これも埼玉県や群馬県に多く見られる現象である。

これらの現象の相異は集団構成上の身分や地位の差を古墳に表現する場合の地域差である、と理解することも可能であろう。問題は古墳群の支群や小支群を如何に解釈できるかにある。各地から抽出して例示した古墳群を概観したところでは、政治的にまとまるであろう地域組織の構成としては、地域首長の下に小地域とも呼べる地縁的集団そしてそれを構成する血縁的集団群さらにその基礎である血縁的集団が存在したと想定できよう。ただし、地域首長と地縁的集団の中間に地縁的集団群をとりまとめる中間層が存在したか否かは、任意抽出で例示した古墳群からは指摘できない。大生西古墳群や今井神社古墳群に見られる中型前方後円墳がその中間層を代表する人物の墓であるかはそれぞれの地域の各古墳群を総覧して初めて指摘し得る問題だからである。ここではその中間層を代表した人物の墓は検討の外におくとして、各階層の代表人物が大小の前方後円墳や円墳といった古墳の新規造営を繰り返したのだとすれば、六世紀後半代の関東ではこれら各階層の人物を埋葬した古墳に人物埴輪を樹立することがあったと推定できる。これまでに概観してきた古墳群内で人物埴輪の在り方からは、血縁的集団群のうち血縁の核となる直系の人物を埋葬した古墳には、それが前方後円墳であれ円墳であれ、人物埴輪が樹立されたらしいと理解できそうである。そして、地域によってはその傍系を含む血縁的集団の長を埋葬した古墳、多くは円墳にも人物埴輪が樹立されたらしいと解釈できる例もある。後者は埼玉県や群馬県や栃木県西部に見られるとして大規模な埴輪製作地が存在したからであるという見解を出せるが、一方でそれ以外の地域では傍系を含む血縁的集団の長を埋葬した古墳も帆立貝形の小型前方後円墳であったと考えれば、それは埴輪の供給力だけで解決できる問題ではなくなる。六世紀後半代の関東で爆発的に増える帆立貝形あるいは小型の前方後円墳の性格を如何に解釈できるかが鍵となろう。帆立貝形の前方後円墳が集中するという状況に加えて特殊な姿態を示す人物埴輪を樹立していた群馬県塚廻り古墳群や、小支群を構成するほとんどの古墳に人物埴輪を樹立していた成塚古墳群は、それらを形成した集団の性格を特別なものと考えられないかとした。周辺に大型前方後円墳が存在することから、それらの集団を地域首長がいる政治組織の中核を構成する血縁的集団群の一つの墓群と理解すれば、それらの墓群に人物埴輪が多く樹立されたことも理解できよう。しかし、小型前方後円墳は、埼玉県のように地縁的集団の長に採用されたと考えられる場合もあれば、千葉県のように血縁的集団群の長にまでその採用が及んでいたと考えられる場合もあって、関東でも一律に解釈できないことを承知しておかねばならない。

一方で、同一古墳群において人物埴輪を樹立した古墳と同時期・同規模の古墳で人物埴輪を樹立しない例が存在したり、最小単位の血縁的集団の長を埋葬したと見られる古墳より小規模の円墳に人物埴輪が樹立された例が存在したりする事実からは、人物埴輪は各々の階層に属した人物の地位や身分に対応してそのすべてに樹立されたのでないことを知る。例示してきた古墳群の実態を考慮すれば、人物埴輪樹立の意図を首長権継承儀礼の表現であったという見解でのみ解釈しきれないことは明らかであろう。古墳の造営は集団の代表が交替したことを契機にして行われたとし、帆立貝形の前方後円墳は血縁的集団群の、それを上回る規模の前方後円墳は血縁的集団群が集合した地縁的集団の代表的地位に就いた人物の墓であると仮定しても、人物埴輪をもつ古墳の形態と規模はその二層の代表的地位や身分に相応する古墳の形態・規模とすべてが合致するものでない。そこで、首長権継承の語を最小単位の血縁的集団を継ぐという意味で権威継承と言い換えても、血縁的集団の長の墓すべてが人物埴輪を樹立するものではなかったらしいから、その解釈もやはり適切でない。確かに各階層の代表に就いた人物の墓に人物埴輪を樹立したことは多いものの、人物埴輪の樹立には政治的地位や世襲的身分に対してではない別の理由が存在したと考えるべきであろう。そこに人物埴輪の樹立意図は被葬者の生前生活を表現したものであるとする見解を適用できる余地がある。

大型前方後円墳の被葬者達に地方首長やそれに準ずる地位に就いた者の姿を想定することは可能であり、それらの古墳に見られる人物埴輪群を地域的政治組織のしかるべき地位に就いた時の情景を功績として表現したものであると考えても差し支えない。しかし、彼らの中には例えば舎人(39)などとして近畿の王権に奉仕した者も存在したであろうから、樹立された人物埴輪群のすべてを、出自の地域内での出来事を表現したものであるとするのも問題がある。人物埴輪群像の中には被葬者をもっとも讃えるべき功績としてそういう地域外での活動の表現が含まれていた可能性も考慮すべきであろう。塚廻り古墳群の帆立貝形前方後円墳における特異な姿を示す女性像からは、それらの人物埴輪群を供された被葬者が男性にとどまらず近畿に奉仕した采女(40)など女性であった可能性も想像される。地方豪族が地域内と地域外に対してもっていた二面的性格は、地域首長に限らず中小豪族にも存在したと想定してよいであろう。一つの群において六世紀前半代の円墳に人物埴輪が樹立されたものの、後半代の小型前方後円墳には人物埴輪が樹立されなかった例での人物埴輪樹立意図は、その群を形成した集団の範囲内の出来事でなくその集団を越えた場所での被葬者の功績によったからであるとするほうが理解し易い。六世紀後半代の古墳群中で小型前方後円墳や円墳に人物埴輪が樹立された状況からは、どういう形の古墳を採用できたかは別にして、その地域における社会を構成する各階層の集団代表となった者の古墳に人物埴輪が供されたかのように見える。しかし、この時でも例外が存在していることから、集団の代表という地位に対して人物埴輪が供されたのではなかったであろう。白藤古墳群におけるような小型の円墳に人物埴輪が一ないし二体と馬形埴輪が樹立される例からは、人物埴輪が葬列や殯儀礼の情景を表現したとする見解を導き得ないし、権威継承儀礼を表現したとするにもいささか疑問が残る。小型円墳に樹立された数少ない人物埴輪は、残された親族が被葬者の生前の姿を偲ぶために樹立しただけであったように思えるのである。

関東における人物埴輪樹立の風習は、古墳時代でも一時期の六世紀後半代にもっとも流行した葬送儀礼の一つであり、当時の社会を構成する各集団が競って採用したものであった。しかし、それも永続することなく短期間で廃れた儀礼でもあった。六世紀代関東の人物埴輪群像は、少数の古墳での在り方から導かれるところのある一つの情景が表現されたというような解釈を敷衍できるほど単純な事情でもって樹立されたと理解すべきでなかろう。その意味では、小型円墳での人物埴輪を大型前方後円墳の人物埴輪群が形式化・簡略化されたものであると軽視した解釈もすべきでない。関東においてはむしろ、そのような小型古墳にも人物埴輪が樹立されている様相を含めて総合的に分析検討して、当時の人々の行動や思考を明らかにできる利点が存在するのである。

註

（１）葬列表現説については、
後藤守一「埴輪より見た上古時代の葬禮」『日本古代文化研究』一九四二（再録）
後藤守一「埴輪の意義」『日本古代文化研究』一九四二
滝口　宏『はにわ』一九六三
市毛　勲「人物埴輪における隊と列の形成」『古代探叢Ⅱ』一九八五
殯儀礼表現説については、
和歌森太郎「大化前代の喪葬制について」『古墳とその時代（二）』一九五八

大場磐雄「葬制の変遷」『古代の日本　第2巻　風土と生活』一九七一
増田精一『埴輪の古代史』一九七六
亀井正道「祈りの継承　埴輪」『日本陶磁全集3　土偶　埴輪』一九七七
若松良一「再生の祈りと人物埴輪―埴輪群像は殯を再現している―」『東アジアの古代文化』72号　一九九二
石野博信「総論」『古墳時代の研究　古墳Ⅲ　埴輪』一九九二
(2)杉山晋作「東国の人物埴輪群像と死者儀礼」『国立歴史民俗博物館研究報告』第68集、一九九五
(3)水野正好「埴輪芸能論」『古代の日本　第2巻　風土と生活』一九七一
水野正好「埴輪体系の把握」『古代史発掘　7　埴輪と石の造形』一九七四
水野正好「埴輪の世界」『日本原始美術大系3　土偶埴輪』一九七七
橋本博文「埴輪祭式論―人物埴輪出現後の埴輪配列をめぐって―」『塚廻り古墳群』一九八〇
須藤　宏「人物埴輪のもつ意味―群馬県井手二子山古墳別区出土の形象埴輪からの検討―」『古代学研究』第126号　一九九一
(4)杉山晋作「古代東国のはにわ群像」『歴博』第16号　一九八六
杉山晋作「人物埴輪の背景」『古代史復元』第7巻　一九九一
梅沢重昭「綿貫観音山古墳の埴輪祭式」『討論　群馬・埼玉の埴輪』一九八七
白石太一郎『日本のあけぼの　5　古墳の造られた時代』一九八九
和田　萃「古代の喪葬儀礼と埴輪群像」『はにわ―秘められた古代の祭祀―』一九九三
(5)白石太一郎「関東の後期大型前方後円墳」『国立歴史民俗博物館研究報告』第44集　一九九二
(6)橋本博文「古墳時代後期の政治と宗教―人物・動物埴輪にみる政治と宗教―」『日本考古学協会一九九二年度大会研究発表要旨』一九九二
(7)杉山晋作「内裏塚古墳付近出土の人物埴輪」『埴輪研究会誌』第1号　一九九五
(8)喜田貞吉「上総飯野の内裏塚と須恵国造」『民族と歴史』第6巻第5号　一九二一
(9)柴田常恵「上総国君津郡飯野村内裏塚」『東京人類学雑誌』第22巻第249号　一九〇六

(10)柳田敏司ほか『稲荷山古墳』一九八〇　埼玉県教育委員会
(11)福島武雄『群馬県史蹟名勝天然紀念物調査報告第２輯　八幡塚古墳』一九三二
(12)斎藤　忠・大塚初重ほか『三昧塚古墳』一九六〇　茨城県教育委員会
(13)志村　哲・古郡正志ほか『Ａ１　堀ノ内遺跡群』一九九二　藤岡市教育委員会
(14)石塚久則・橋本博文『塚廻り古墳群』一九八〇　群馬県教育委員会
(15)中山哲也・矢野淳一ほか『上原古墳群』日本窯業史研究所報告第29冊　一九八九　日本窯業史研究所
(16)高根信和・小室　勉ほか『常陸一騎山』一九七四　大宮町教育委員会
(17)佐藤正好・海老沢稔ほか『幡山遺跡発掘調査報告』一九七七　常陸太田市教育委員会
(18)市毛　勲ほか『宮中野古墳群調査報告』一九七〇　茨城県教育委員会
(19)大場磐雄ほか『常陸大生古墳群』一九七一　雄山閣出版
(20)尾崎喜左雄・右島和夫・富沢敏夫ほか『下総片野古墳群』一九七六　芝山はにわ博物館
(21)小渕良樹ほか『広木大町古墳群』埼玉県遺跡調査会報告第40集　一九八〇　埼玉県遺跡調査会
(22)菅谷浩之・金子　章・山崎　武ほか『長沖古墳群』児玉町文化財調査報告書第１集　一九八〇　児玉町教育委員会
(23)長滝歳康『白石古墳群・羽黒山古墳群』美里町遺跡発掘調査報告書第７集　一九九一　美里町教育委員会
(24)細野雅男・石塚久則・梅沢重昭「今井神社古墳群の調査」『荒砥北原遺跡・今井神社古墳群・荒砥青柳遺跡』一九八六　群馬県教育委員会
(25)松村一昭『赤堀村峯岸山の古墳１』群馬県佐波郡赤堀村文化財調査報告４　一九七五　赤堀村教育委員会
松村一昭『赤堀村峯岸山の古墳２』群馬県佐波郡赤堀村文化財調査報告５　一九七六　赤堀村教育委員会
(26)中山茂樹ほか『成塚石橋遺跡Ⅱ』群馬県埋蔵文化財調査事業団調査報告書120　一九九一　群馬県埋蔵文化財調査事業団
(27)井　博幸『杉崎コロニー古墳群』一九八〇　日本窯業史研究所
(28)村田健二ほか『古凍根岸裏』埼玉県埋蔵文化財調査事業団報告書第37集　一般国道254号バイパス東松山関係埋蔵文化財調査報告書　一九八四　埼玉県埋蔵文化財調査事業団

(29) 山崎　武ほか『生出塚遺跡』鴻巣市遺跡調査会報告書第2集　一九八一　鴻巣市遺跡調査会
(30) 篠原幹夫『芝宮古墳群』富岡市埋蔵文化財発掘調査報告書第12集　一九九二　富岡市教育委員会
篠原幹夫ほか『芝宮古墳群（65号墳・81号墳）』富岡市埋蔵文化財発掘調査報告書第15集　一九九二　富岡市教育委員会
大賀　健『大国塚2号墳』　一九九一　山武考古学研究所
(31) 右島和夫『神保下條遺跡』群馬県埋蔵文化財調査事業団調査報告書第137集　一九九二　群馬県埋蔵文化財調査事業団
(32) 小島純一『白藤古墳群』粕川村文化財報告第10集　一九八五　粕川村教育委員会
(33) 松村一昭『赤堀村地蔵山の古墳1』群馬県佐波郡赤堀村文化財調査報告7　一九七八　赤堀村教育委員会
松村一昭『赤堀村地蔵山の古墳2』群馬県佐波郡赤堀村文化財調査報告8　一九七九　赤堀村教育委員会
(34) 前澤輝政・橋本　勇ほか『明神山古墳群』足利市埋蔵文化財報告第12集　一九八五　足利市教育委員会・毛野古文化研究所
(37) 鈴木裕芳『久慈　吹上』　一九八一　日立市教育委員会
(36) 鈴木裕芳『赤羽横穴墓群』　一九八七　日立市教育委員会
(37) 渋谷興平ほか『堀之内遺跡』　一九八二　堀之内遺跡発掘調査団
(38) 滝口　宏ほか『「王賜」銘鉄剣概報』　一九八八　吉川弘文館
(39) 井上光貞「大和国家の軍事的基礎」『日本古代史の諸問題』　一九四九
(40) 磯貝正義「采女制度の一研究」『史学雑誌』第67巻第6号　一九五八
門脇禎二『中公新書73　采女』　一九六五

第六章　人物埴輪樹立の意味

はじめに

日本列島に古代国家が出現する頃とされる古墳時代は、その時代名称に示されるが如く、列島各地に巨大な墳丘をもつ前方後円墳や前方後方墳が造営された。この時代より前や後にはこれほどに全国的に敷衍した壮大な墓を見ることがなく、また、その巨大な墳丘の造営に多大の労力を要した事実を考慮すれば、日本の歴史上でこの古墳時代こそ死者をもっとも丁重に扱い、その死者の死後の世界も格別に強く意識された時代と言える。

そういう墓をさらに壮厳に見せるために施されたいくつかの工夫の一つに、墳丘の外表に樹立された埴輪がある。早くも初期の前方後円墳に埴輪の樹立が開始された時期においては、埴輪は葬送の儀式で用いられた器物を模して墳丘に残したものであったとする研究成果(1)があり、それらの器財埴輪は内容に変化があっても埴輪樹立の終焉する六世紀末まで続いた。しかし、その埴輪樹立期間の途中である五世紀から出現した人物埴輪群は、やがて六世紀には樹立された埴輪群の主体となるほどに、しかも、関東地方に偏して盛行する。その人物埴輪群は死者儀礼の中でいかなる役割を果たしたのであろうか。

一　死者と人物埴輪に関する諸説の課題

古墳における人物埴輪が単独で樹立されることはまずなく、ほとんどが列あるいは群をなしている。それらの人物埴輪群がどういう目的でもって、どういう情景を表現したものであるかという課題については、過去に多くの解釈が提示されてきた。そのもっとも古い解釈は『日本書紀』編纂時にあり、垂仁紀で記されるように埴輪とくに人物埴輪は殉死者の代用品として製作・樹立されたとするものである。しかし、殉死の代替行為として人物埴輪案出があったとするその関係については、古くに否定的意見が出されている[2・3・4]。替わりに、中国大陸の石人・石獣樹立の風習を取り入れたものであるとした見解[5]や死後もなお生前に仕えるが如く近習の像を古墳の傍に置いたものであるとした見解[6]も出たが、それらの見解は日本列島における人物埴輪出現論に関わる議論では触れられるものの、埴輪樹立の目的や表現された情景を考察する際には置き去られてきた。いまでは、春成秀爾がそれを継承して、人物埴輪は前首長の生前の生活を支えていた共同体成員が各自の職能をもって黄泉国においても亡首長に対して永遠の奉仕を誓う姿を形象化したものであるとし、その樹立も被葬者が死後の世界においてもなお生前と同様盛大な儀礼に囲まれた生活であれかしという願望によるとした見解[7]を述べたにとどまる。

さて、今日では、人物埴輪に関する説は大きく四つにまとめ得るとされる[8]が、それは埴輪に表現された情景を中心に考えたとりまとめ方である。そこで紹介された諸説は、その人物群像の中に古墳の被葬者つまりその埴輪群像が樹立される目標であった古墳へ葬られるべき死者が表現されていないと考えるか表現されていると考えるかで、二つに分かれる。

ここに若干の説をさらに加えて再整理すれば、原則として埴輪群像の中に被葬者が表現されていないという立場に立つのは、第一の葬列の情景を表しているとした説[9・10・11]と、第二の殯儀礼の情景を表しているとした説[12・13・14・15・16・17]、さらに第三の首長権継承儀礼の情景を表しているとした説[18・19・20]であり、以上の三説を合せた見解[21]もこれに含まれよう。一方、埴輪群像の中に被葬者が表現されていてもよいという立場に立つのは、第四の被葬者の生前の重要な活躍場面を再現したとする説[22・23・24・25]であり、生前生活の黄泉国での継続願望説[26]もこの類に含めてよいであろう。ただし、前者第三説の首長権継承儀礼の情景を表したものであるとした説でも、権威を受け継ぐ後継者の姿ではあってもそれは古墳に埋葬された死者である旧首長の過去の姿であったと考える場合は、この後者の範疇に含めることとなる。

埴輪の人物群像中に死者自身が表現されているか否かは、人物埴輪群像が持つ本質的な意味を問う上で重要な問題であるが、それを確定することは困難な場合が多い。また、人物埴輪群に被葬者が表現されているか否かという問題とは別に、埋葬までの一連の葬送儀礼の過程において人物埴輪がはたして有効に機能していたのか否かという問題が存在する。

そこでまず、埴輪に示された情景と葬送儀礼との関わりを主要な諸説がどのように説明しているのか、また、人物埴輪群像の古墳への樹立が意図されてから古墳に樹立され、その後も据え置かれるまでの過程における埴輪に対する意識が、その諸説では合理的に解釈されるものであるのか、を整理しておく必要があろう。

(一) 被葬者像不在説

葬列表現説

葬列表現説を唱えた後藤守一は、埴輪で表現された情景について男子埴輪に儀礼に臨み遠くへ旅立つ姿があり、女性埴輪に巫女の姿で喪祭を司るものが多いのは、死者を送る行列つまり葬列を表したからであるとした。飾り馬や鶏などの動物埴輪もその儀式に加わっていて不思議はないし、蓋や翳のほか大刀の埴輪も皇太神宮遷宮儀式に用いられるものと同じであるので、現世から彼世へ居を遷す喪祭は遷宮儀式と同義であったと理解した。そして、その人物達の服飾は随従者階級のものに限られるから、埴輪樹立の目的は殉死の代用にあったとする古くからの考説が是認できるとした[27]。

後藤の見解が形象埴輪の種別毎にその表現された意味を考察する方法を採ったのに対し、滝口宏は一基の古墳に樹立された形象埴輪群を調査し、それらは列としての意義を持たされていたと見られるから、それを祭祀の場の中でも葬送の列と理解すべきであるとした[28]。しかし、殉死代用とし得る要素が少ないので、その目的は権力の誇示にあったと考えられた点が後藤の見解と異なる。

さて、この葬列表現説では、埴輪の製作を発注した者に二者の可能性がある。まず、発注者が古墳の被葬者となった死者であった場合は、その発注が生前になされたものでなければならない。一方、発注者が古墳被葬者の後継者であった場合は、その発注が死者の生前であった時と、死者の死から埋葬までの間あるいは埋葬後であった時のさまざまな仮定ができるが、このうち、後継者による発注が死者の生前であったとすることは、死の前にそれを予測して行なった行為となり、また、葬列に加わらない者が出た可能性があるから、想定し難い。このように発注者と発注時期に二通りの想定ができるものの、葬送の列を表現した埴輪が古墳に樹立されるのは、葬列が進んだ後のおそらくは埋葬の終了後と考えるのが自然である。つまり、葬儀が終了した後に樹立される埴輪は、葬儀の執行そのものには関わりがなく、その葬儀に参加した人物を後に残し示すことであったと理解せねばならない。発注者が死者であれ後継者であれ、埴輪で表された人物は葬儀への参列者であったとするから、その埴輪は死者もしくは後継者に対して敬意を表した人物達を表現したことになる。彼らが死者もしくは後継者に支配されていた者だけで構成されていたのであれば、殉死すべき人物達の姿も想定しなければならないが、最近の新例を参考にすれば被支配者だけで構成されていたとは言い難い面がある。この説での人物埴輪群像は、葬儀に参列して死者や後継者に敬意を表した人物達を一般民衆にそして後世に伝えるためのものであったと考えるべきことになる。

ところで、葬列という語は葬儀行為全体行程の中での埋葬地への死者の輸送行列を意味していると解釈し、葬列の語を使用するには人物像に歩む動きを示すものがない、とする批判はさほど問題にならない。後藤が出発の前の姿と説いたように、葬列が常に動いているものではなく静止している時もあるからである。それよりも送られるべき死者の姿なり柩が欠落していることに問題ありとする指摘はもっともである。[29] 葬列の語は死者を送る列のことであると厳密に規定するならば、人物埴輪群像に対して使用できないが、上の葬列表現説はそれほど厳密に規定して使用したのではなかったようなので、葬送儀礼に加わった者という程度の意味に理解し、むしろ葬儀参列者の語を当てるのが適当かと思われる。その場合、葬儀に参列した者全員が埴輪に表現されたと想定するには樹立された人物像の数が少ないので、その参列者とはそれぞれの職掌を代表させた各種若干の埴輪が樹立されたとしなければならないであろう。したがって、葬儀参列者説による人物埴輪樹立の目的は、その樹立が葬儀終了後になったであろうから、どれだけの構成の参列者が参集したかを示すことにあったと理解することになる。この説では、埴輪は少なくとも死者を送る葬送儀礼にはほとんど関与するものでなかった、つまり、葬送儀礼に用いるために埴輪が樹立されたのではなかったことになる。これは、後藤の殉死代用説でも同じである。

殯儀礼表現説

葬儀参列者という意味では葬列表現説と同じ範疇に入るが、一連の葬送儀礼の中の一つである殯への参列という、時点をより限定した、そして、その殯に参集した者が執り行う儀礼の場面を埴輪に表したとするのが、殯儀礼表現説である。

和歌森太郎は、埴輪は殯の儀式を形式化するために作られ、また、その殯の印象を永遠に故人とともにとどめるべく墳丘に添えたと考えた[30]。大場磐雄も、埴輪は殯から本葬までさまざまな役割を演じた人々を永久に記念すべく立て並べられたとした[31]。両説とも樹立の意図が記念碑的使用にあったとする点は同じである。

増田精一は、人物埴輪はもちろんのこと器財埴輪や動物埴輪の姿を考察し、それらは単なる狩猟や歌舞の情景であるにとどまらないで殯の場において行われた儀礼であると解釈した[32]。また、女性は殯の、男性は誄の執行に関与しているとする。その分析が各古墳に樹立された埴輪群でなく特徴的な個々の埴輪の姿を対象とした点は、従来の方法と変るところがない。一部で千葉県姫塚古墳の埴輪群を論じて、泳ぐような人物と琴をひく人物が他の人物列とは異なる位置にあるからその樹立の意味は異なっていたとしたが、滝口の報告[33]にしたがえば、その二体の人物は他の人物埴輪列とは別の地点である墳頂部からの出土ではなく列を挟んで墳頂側と周溝側にあっただけと理解すべきであろう。殯の情景を表現したという埴輪群の樹立意図についての説明は明確でないが、いずれの像も権威ある人に仕える者の姿であるとして殉死代用説に理解を示しているところに含みがあるのであろう。しかし、埴輪で表現された人物達の階層すべてが果たして殉死すべき階層であったのだろうか。実態は不明であるが、支配機構を構成していた構成員すべてが殉死すべき対象であったと考えると、その後継者を支持すべき層の権力は引き継がれるものではなかったともいえるのである。また、増田は、近畿では誄の開始によって埴輪が樹立されなくなり、その誄がやがて東国へも波及したことによって全国的に埴輪樹立の終焉を迎えたとするが、一方で東国には誄の情景を表現した埴輪があるともするのだから、東国での誄の受容が埴輪樹立を絶った理由とはならない。また後述するように、誄が開始される時期の前に誄に類する行為がまったく存在しなかったのか不明であろう。古墳時代前期における首長権継承儀式に至る過程で誄に相当する行為はなかったのであろうか。波及の語を模倣と同じような意味に捉えるならば、六世紀には東国豪族も近畿へ出仕していたのであろうから近畿と東国の間に誄儀礼を受容した時間差を考えねばならない必然性はない。もし、その二地方間に埴輪廃絶の時間差が認められるのであれば、それが生じた要因は誄儀礼受容の時間差の他にも求めるべきであろう。

亀井正道も、人物や動物の埴輪は殯の儀礼をその場限りのものに終らせず長く古墳の近くに常設的にとどめ、その模様を死者にも知らせ自らも認識するために作られたとし、さらに、墳墓の築造や葬送に参加した人々の姿も埴輪群に加わったとする。(34)

若松良一は、古墳に樹立された人物群像の状況を分析して、埴輪群はやはり殯の情景を表現したとする。(35)増田説が埴輪は死者の姿を表現していないとした点を重視したうえで、小円墳にも酒食を献じる巫女姿の埴輪があって、それが人物埴輪群の主役であるとも考えられるから、埴輪には殯で死者に酒食を供献している情景が表現されたとする。

そして、埴輪で殯の情景を表現したのは、殯を実施した旨を埴輪の樹立でもって明示することにより、死者の凶癘魂が生者に害を及ぼすのを防ぐことにあり、それが適切に実施されたことを民衆に知らしめることにもあったとする新しい解釈を出した。

さて、これらの説でも葬列表現説と同じように葬送儀礼のうちの限定した儀式を埴輪で表したものと考えているが、埴輪が殯の情景を表したものであるとすれば、埴輪製作の発注者は後継者やその一族であり、発注時期は死の発生から埋葬までの間あるいは埋葬後であったと考えるのが通常であろう。若松説を採れば、埴輪の樹立でもって殯が誠実に実施された旨を死者そして民衆に明示するのは、死者の凶癘魂が生者に害を及ぼすのを防ぎかつ民衆に安心感を与えるためであったとするから、埴輪の樹立は死者霊に対してのものではあるが、生者のためにしたことになる。もちろん、死者自身は埴輪に表現されていないし、殯の終了後に埴輪を古墳に樹立したと解釈されているのであろう。一方で、死者自身が生前に殯の情景を埴輪で表して古墳に樹立すべきことを指示しておいたことも想定し得る。その場合の意図は、自分自身が悪霊となって害を後継者とその一族に及ぼさないためにというよりも、やはり葬儀参列者説と同じく、生前に支配したその権威を後世に残し見せるため、あるいは死の世界でも奉仕すべき人物を示しておくことであったとするのが自然な解釈である。この場合でも、埴輪は殯の終了後おそらくは埋葬後に古墳に樹立されたことになる。

若松説は次の点に再考の余地があろう。死者は埴輪に表現されていないとしているが、殯では死者の生前の姿を模倣し、死者そのものとして諸人より奉仕される尸者という人物がいたとされている。[36] もし、人物埴輪群が殯の参加者を表現しているのであれば、死者の代理である尸者の姿も表現されていてもよいであろう。したがって、死者に似せた人物の像もあることを考慮しなければならないであろう。また、死者の凶癘魂が生者に害を及ぼすのを防ぐために埴輪を樹立したとするのであるが、一般的に凶癘魂は異常な死を遂げた死者や現世を満足に送ることなく死の世界に向かった死者による例が多いとされていることを参考にすれば、埴輪を樹立するという行為は古墳に葬られたすべての死者に対するものであることがのぞましい。しかし、現実には一つの古墳に埋葬された複数の人物の各人に対して埴輪が樹立されたとは言い難いものが多いし、古墳に埴輪が樹立されていないものもある。若松は、古墳に残る須恵器も祭祀実施の証として残されたものと考え、埴輪樹立のない場合は墳丘に残されたその須恵器が埴輪樹立に替わる殯実施の証とされていたとする。しかし、それでは人物埴輪を樹立しなければならない理由の一つが失われてしまうと言えよう。つまり、その考えにしたがえば、殯を実施した証はすべて須恵器で代用しても事足りるので、埴輪を樹立する必然性が認められないからである。

そもそも、殯には魂を揺り動かして死者を生の世界へ呼び戻す意図で行う儀式の段階もあったと想定されているが、古墳に樹立された埴輪が死者霊の鎮魂を願って樹立されたと主張するならば、埋葬後は死者の鎮魂を願うしかないのであるから、殯の儀礼で行われた死者の蘇生を願う魂振りの情景が埴輪で表されて古墳にあり、しかも、後世にまでそれが残るのは好ましくないのではなかろうか。死者が死の世界で安寧の生活を送った後に再び現世に出現するという意味で「再生」の語を使い、死者の再生を願う踊りの情景などが埴輪に表現されたとするならともかく、殯の儀礼のうち死者の蘇生を願って行われた魂振りの情景は埴輪として樹立されないほうが合理的であろう。死者の蘇生を願う儀礼も確実に実施した旨を含んで殯が執行された証として埴輪が製作されたとする点までは一つの解釈として理解できるが、それが古墳に樹立された時点ですべて鎮魂を願うことの素材に変ってしまうことに違和感を覚えるからである。春成秀爾も、死者のよみがえりを切願する殯行事はすでに終了し死は確定しているのであるから、埋葬終了後の墳丘上に殯儀礼を形象化した埴輪群をたてのこす必然的理由がないと指摘している(37)。人物埴輪群が葬送儀礼の一つである殯の情景の、しかも、殯すべての儀式よりも殯のうち鎮魂の儀式を表現したと理解できればともかく、若松は現実には魂振りと考えられる情景が存在するという。

また、殯を怠ることにより生じた災いの例として若松が挙げた允恭紀の殯に関する説話は、反正天皇の殯を怠ったことにより地震が発生したとその因果関係を明確に述べているものではない。説話は、地震が発生したために殯宮の消息を視察させたところ、諸人が揃っているのに殯宮の責任者である玉田宿禰だけがその場に居ず家で酒宴を催していた、とするものである。その不謹慎が原因となって玉田宿禰が後に処罰されたという点に、説話の主眼があろう。殯は実施されていたのであり、その宮を管理すべき責任者が不在であっただけである。地震発生がそれに起因するという記述ではないとも理解できるのである。

さらに、殯儀礼表現説にとって不利となる特異な動物像が埴輪に存在する場合もある。そもそも殯宮での儀式に動物が必要な器財として存在していたかは明らかでなく、殯宮にいた可能性を認めることができる馬でさえ殯儀礼の場面に不可欠のものであったのだろうか疑問である。ましてや、矢が刺さり血を流す猪は狩猟を示唆するものではあっても、殯の儀礼で如何に用いられたかが明らかでない。

首長権継承儀礼表現説

水野正好は、すべての種類の埴輪を体系化し、人物埴輪には政治が表示されているとした[38]。また、埴輪には死した首長とそれを継承する首長を繞る祭式を永久にのこし、さらに、その有様を誇示することで統治を確認しようとするところに形象化の基礎があったとする[39]。そして、人物群像の集合形態が「祭宴の場」から「機構名の並び」となる背景には、首長継承祭式から官職継承祭式への変化が見られると指摘する。その論展開の素材となった群馬県保渡田八幡塚古墳[40]の人物群像については、中核の二組の男女は新たに首長となった者とその妃そして皇太子同様に首長の次期継承者となる者とその妻と理解した。彼らは旧首長であった死者でなく、新首長となる後継者の生者の姿であると考えている。

橋本博文も、前首長の殯から埋葬までの間に実施された葬送儀礼や首長権継承儀礼そして承認式とそれらに関わる祭宴を政治的記念碑である古墳に埴輪祭式としてとどめたとする(41・42)。ここでも埴輪に表されたのは生者であると考えている。

これらの説に関しては、埴輪の発注者が誰であったかや発注・製作の時期が何時であったかよりも、誰のために何のために樹立されたかが問題となろう。前述したように、ここに二つの考えがあり得る。一つは古墳の被葬者となった死者ではなく、その死者の後継者のために埴輪が製作されたとするものであり、その場合の樹立は後継者の権威を民衆に示すためであったと解釈せねばならないであろう。しかし、人物群像の中心人物が首長であったとしても、その人物が死者ではなくて後継者であることを積極的に示す根拠は見当たらない。仮に、死者となった旧首長が後継者となる新首長に権威を継承する新旧の両首長による儀式が埴輪に表現されたとしても、それが大王の権威継承儀式に準じている考えに拠っているのであれば、通常の大王の権威継承は王の死によって生じるとされているから、旧首長となる人物が生きて表現されているのは極めて異例の事態であり、その場合の旧首長の姿は死者の代理である尸者の姿としたほうがよい。つまり、埴輪での首長は後継者となる新首長一人しか表現していないとするのが一般的であるとしたら、この説による権威継承儀式の情景を表す埴輪群像は後継者が中心であるので、死者よりも後継者の権威を民衆に顕示することに目的があった、ということになる。しかし、その場合、旧首長の墓に旧首長の姿がなくて新首長の姿が誇示され、しかも、後世に残ることに不自然さはないのであろうか。

もう一つの考えは、古墳の被葬者となった死者本人のために埴輪が製作されたとするものであり、その樹立は後継者を含めた民衆に被葬者の生前の権威を示すためであったとするのが適切な解釈であろう。死者となった旧首長が生前に権威を継承した過去の儀式を埴輪で再現しようとした意図とその埴輪群像が古墳に樹立されたこととは矛盾する点がなく、この場合でもその埴輪群像は首長権継承儀礼の情景を表しているとする見解になる。そして、その埴輪群像が古墳に残り続けることも死者の権威を顕彰するうえで支障となるものではなかったと理解できよう。しかし、極論となるが、首長権継承儀礼の情景を表現するというその意図だけによって埴輪が製作・樹立されていたのならば、強いて古墳に樹立する必然性がなく、古墳ではない別のしかるべき場所に樹立してもよかったとする考えも出せる。埴輪群像を古墳に何時樹立したのかという課題の解明を必要とするが、これらの人物埴輪群像を単なる顕彰碑と見るだけではなく、古墳に樹立した事実を重視して埋葬までに執り行った葬送儀礼との関わりも検討すべきであろう。

なお、首長権継承儀礼の語を使うためには、埴輪を樹立した古墳が首長墓であることを必要とする。前方後円墳もある同一古墳群内の同じ時期の円墳にも埴輪群像が存在することを認めれば、その円墳は首長墓とは理解し難いから、円墳に樹立された埴輪が首長権継承儀礼を表したものであるとは言い難い。そこで、それをも包括する意味で、人物埴輪群像は死者の生前のもっとも評価されるべき業績を表現したものであるとする次の考えが提起できる。

(二)　被葬者像存在説

生前生活表現説

顕彰碑説とされる説は、被葬者の生前生活のうち顕彰されるべき業績を埴輪に表したとすることに重点を置いたものであるから、人物埴輪群像を顕彰碑としての意義のみに理解されるのは本意でない。他の説と同じように何の情景を表現しているのかということで比較すれば、被葬者が生前に関与した各種の儀式や出来事を含むとするから、生前生活表現説とでも呼ぶべきであろうか。

杉山はかつて、その人物埴輪群像が示す情景は首長の葬儀を執行する状況かとする当時の解釈とは別に、群馬県綿貫観音山古墳(43)に埋葬された首長が一人であるならばという条件を付して、横穴式石室に副葬された金銅鈴付き大帯と同じような大帯を腰に表現したところの群像の中核となる男性像は被葬者本人であって、人物埴輪群像は首長の生前の儀式を写し残したとする解釈も成立すると考えた(44)。その後、多くの円墳にも人物埴輪が樹立されていることを重視すると、人物埴輪群には首長の就任式だけしか表現されていないとするよりも、それらを含む古墳被葬者の生前活動の記念すべき業績が情景として表現され、顕彰碑的性格も持たされて古墳に樹立されたと考えるほうがよいと提起した。[45]そして、人物埴輪群は顕彰碑的意味を持つだけでは古墳に樹立しなければならない必然性が乏しいため、古墳で埴輪を使用し得る場面として葬送儀礼のうちの殯の儀式でも誄を奏上する場を想定した。[46]その「場面」の語は、樹立された埴輪の有効的に使用されている時点が殯の中でも誄を奏上している時という意味に用いているのであって、埴輪の表し示している内容が殯や誄の情景であるという意味に用いているのではない。なお、顕彰碑的性格を持たせて樹立した埴輪がその後も古墳に残ることに対して、喜田や春成が述べたような、死者の死後の生活も生前と同じくあってほしいと願う気持が民衆の意識の基層に存在していたであろうことも想定できる。

梅沢重昭は、綿貫観音山古墳の金銅鈴付き大帯を持っていた被葬者本人が同じような大帯を腰にする男性人物像に表現しているが、石室前の人物像は被葬者でなくてその死者の権威を継承して後継者となる新首長であり、死者が生前に活躍した姿はくびれ部にある別の一群の男子像であると解釈している。[47・48]

和田萃は、笑う人物や力士それに狩猟場面などは殯の場にふさわしくないと指摘し、埴輪は、被葬者の生前の功業を記念しその最も生彩ある場面を表現して、後世に残そうとしたものと考えている。[49]

しかし、顕彰碑説として一括されるこの説にも批判がある。観音山古墳の人物群像で大帯を腰に表現した中核となる男性像が被葬者本人であるか否かについて、埴輪の大帯は横穴式石室に副葬された金銅鈴付き大帯とは異なるものであるから、両帯の類似性をもって被葬者が埴輪に表現されているとした説の根拠は薄いという指摘[50]である。また、竜角寺101号墳の盾持ち人が大きいことをもって被葬者の可能性ありとした点について、貴人が中心となる人物埴輪群像にもその貴人より大きい盾持ち人が存在するから、大きさだけでは判断しきれないとする指摘[51]もある。そして、それらの批判の結果として登場した多くが首長権継承儀礼表現説であった。しかし、その首長権継承儀礼表現説でもやはり、埴輪に表された首長が被葬者の後継であるという関係を明示しなければならない課題を負っている。最近では、埴輪に表された被り物や冠帽を含む装身具の分析によって人物埴輪群に身分差を求めようとする研究[52・53]が再び活発化してきた。その成果はこの生前生活表現説にもいずれ応用できるようになるであろう。

以上の各説のうち可能性ある想定を包括する見解として残るのは、埴輪を樹立する事業が死者あるいは後継者のためのいずれであったにせよ、様々な場に集合した人々の姿を顕彰碑的に古墳へ並べて民衆に披露し、それが後世にも残ることを当時の人々が承知していた、というものであろう。そこで、被葬者の生前活動のうちもっとも記念すべき業績を埴輪に表現したとする考えが展開できるか否かを次に探ってみる。

二　生前生活表現説の可能性

人物埴輪群像の合理的解釈は、埴輪に表そうとする情景と埴輪が樹立された場面とそれが古墳に残り続けることの三つの時点における当時の人々の理解が全体を通しても矛盾していない、と想定できることが必要である。

(一) 埴輪に表された情景

埴輪には被葬者の生前活動のうちもっとも記念すべき業績が表現されているとする考えに対して、埴輪の構成がもっと多様であってもよいのにかなり画一的であるという指摘[54]がある。男性像を中核とする群像は長たる権威の継承式に臨む情景を表現したものであるとすれば、その構成が似たものになったであろうことは充分想定されるところであり、異議を挟むつもりはない。しかし、巫女とする像や壺を捧げ持つ女性像もまた画一的であるから、それらもまた殯の儀礼や首長権継承儀式の情景が表現されているとする解釈については、たとえそれらが画一的であっても別の考えが成り立つであろう。いま、各古墳に樹立された人物埴輪群像の情景を考察することは本稿の目的でないので、特別に表現された人物像のいくつかを例として生前生活表現説で解釈してみる。

群馬県塚廻り四号墳[55]は小型の帆立貝形前方後円墳で、前方部に人物埴輪群が樹立されていた。中に頭椎大刀を右手にもつ女性がいて、異様な光景を呈している。巫女埴輪を論じた川西宏幸は、関東では旧習を残す憑依巫女としての性格を示した埴輪が多いとした[56]。しかし一方で、巫女がたとえ葬祭に関与していたとしても葬送祭儀における巫女の働きを代表させたり、即位式に関与しているとする見解には慎重さも求めている。そして、塚廻り四号墳の大刀持ち巫女埴輪は、巫女がその働きに威力を添えるために刀剣を用いた姿であると想定したいとした。たしかに塚廻り四号墳の大刀持ち女性像は、通常の人物埴輪が示す左腰への佩用でなく、右にしかも手に握っていることをもって巫女の性格をもつと考えてもよいものであろう。私はこれを巫女の姿であるとしても、在地で一生を終えた巫女とのみしなくともよいと考える。古くに、後藤守一が器を捧げ持つ巫女埴輪に采女としての姿を見ると指摘した[57]ことを参考に想像をたくましくすれば、この女性像は采女として近畿に奉仕したその時の姿であってもよいとしたいのである。

磯貝正義は、采女は膳部らとともに後世まで伝統的な神祇の古儀を伝えていたとし、采女は地方豪族層の姉妹や子女を貢進したものもあるとしたが、男性の舎人・靫負・膳夫等は東国から貢進されることはあっても女性の采女は遠隔地からの貢進はなかったと考えた[58]。さらに、采女は任期が明らかでなく終身制でかつ世襲的に貢進されたものが多いと推測し、采女貢進の本質は隷属の保証としての人質的賦役の提供にあったと指摘した。

門脇禎二も、采女は大王に服属を誓う豪族が身内の女を人質として貢いだものであり、雄略朝がその起りの時期とした[59]。そして、古い宗教的形式を利用したとしても、宮廷での采女はすでに巫女ではないと理解している。

采女は宗教的儀式に関わることがあっても、その儀式はけっして殯だけではなかったのであろう。采女の貢進が伝統的に継続されたのであるとしたら、大化後や八世紀にみる采女の出身地が東国に見られる例もあることを参考にして、古墳時代には東国からも采女が貢進された可能性を残していると私は考える。

『日本書紀』天武十一年三月辛酉条に「自今已後、(中略)、膳夫采女等之手繦肩巾、並莫服」とあるのは、それ以前に采女も手繦や肩巾を着用していたのを禁じたとすれば、埴輪で手繦や肩巾をしていた者には采女もいた可能性を考慮しなければならないであろう。ここに至って、塚廻り四号墳の大刀持ち巫女埴輪を采女と理解して、被葬者の生前の業績を埴輪に表現したとする想像もできるようになろう。

塚廻り四号墳には後円部の中心と周溝際の二か所に木棺を納めたらしい埋葬施設があり、副葬品は発見されなかった。川西の分析にしたがえば、矢鏃のない古墳の被葬者は男女いずれの場合も有り得るとされる(60)。墳丘主軸長が二五mに達しない小型の前方後円墳に葬られた人物が女性であった可能性ははたしてないのであろうか。しかし一方で、女性像が手に持つ大刀は単独の器財埴輪として表現されるいわゆる玉纏大刀と異なり頭椎大刀である点に重きを置いて、それを宝器と見る必要がなければ、この女性像を巫女とすることなく、豪族層の一員である女性とのみ理解しておくことにもなろう。もちろん、その女性が神祇に関与していた可能性は否定できないが、関与していたであろう儀式を葬送儀礼に限定することには慎重でありたい。右手に頭椎大刀を携える姿はけっして践祚式で神宝を授ける姿勢では有り得ないと思うのである。

鈴鏡がすべて巫女の採物でないことを川西が警告したように(61)、少し姿態の変わった女性像をすべて巫女として理解せず、古墳の規模や埋葬施設の内容をも踏まえて幅広く采女としての役割も考慮すべきではなかろうか。五世紀中葉に等身大に復元できそうな立派な男性像が内裏塚古墳に出現している事実(62)は、巫女姿の女性像だけに初期人物埴輪の意味を求めてはならないことを示唆しているであろう。

群馬県保渡田八幡塚古墳の外堤の一画に並べられていた人物群像は、新首長が亡き首長からその権威を受け継ぐ儀式を表したもので、中心人物に従う武人・文人・女人たちはその新首長を支える集団の構成を示していると解釈されていた(63)。しかし、最近では、これらを祭宴と狩猟の二つの場面に分けて考えられるとする指摘もある(64)。隣接する群馬県保渡田Ⅳ遺跡(65)でも同様であるという。これを踏まえて生前生活表現説で理解すれば、この人物群像が示す情景のうち祭宴の情景が首長権継承儀礼の場面であるとしても、もう一つは被葬者の生前生活の別の狩猟場面を再現していると解釈できよう。群馬県綿貫観音山古墳は六世紀後半の大型前方後円墳で、後円部に設けられた横穴式石室の前面から前方部にかけて人物埴輪が樹立されていた。梅沢が考えるように、横穴式石室前の向かい合う一組の男女とその後に位置する三人の侍女が主である人物群と、くびれ部に並ぶ一群を別の配置[66]とすれば、これもまた、被葬者の生前の二つの情景が表現されているとも想定できなくはない。横穴式石室前の一群は被葬者が生前に首長位に就いた儀式の情景であり、くびれ部に並ぶ一群は別の儀式に臨む被葬者の姿と解釈することである。もちろん二群に分けずに被葬者が生前に行った儀式の情景と理解することも可能であろう。男性像が腰に着けた大帯と横穴式石室に副葬された鈴付き金銅製大帯が異なるものであるとする見解[67]に対しては、被葬者が生前に関与したかなり前の情景であるから異なっていてもよいといえるであろう。そもそも、平野進一も支持する首長権継承儀礼説では、大帯を着けた人物はいずれ葬られたのであるから、その古墳も推定しておかねばならない。もし、近くにある群馬県金冠塚古墳の被葬者を想定するのだとしたら、金冠塚古墳から出土した金銅製大帯[68]はこの埴輪の男性像が示す大帯ともまた異なることが指摘されるであろう。

埼玉県酒巻一四号墳[69・70]では馬形埴輪が三頭分出土し、一頭の馬の鞍には蛇行状鉄器と呼ばれる付属品が付随して表現され、それに挿し込む旗状品も発見されている。類例の多くない蛇行状鉄器がこの古墳から約八km離れた埼玉将軍山古墳に副葬されていたこと[71]と、この埴輪に表現された馬具とはけっして無縁ではないだろう。馬形埴輪でも実在した馬を表現した場合があると認められるのである。また、一つの古墳で見られる埋葬施設に副葬された馬具と樹立された馬形埴輪の馬具を比較して、副葬された馬具より馬形埴輪の馬具のほうが古い様相を示す例がしばしば見受けられる[72]。それも実在した馬の過去の姿を表現しようとしたためにこうした古い様相が表されたからにほかならないのではないだろうか。古墳に埴輪が樹立される時点より古い様相を示す物を身に着けた人物像も見られる。埼玉県瓦塚古墳[73]に樹立された武人像は、古墳が造営された六世紀中葉より古い時期に用いられた短甲を着用している。この時期に副葬される武具は挂甲が一般的であったことから、武人像の甲は前代の甲冑形埴輪に似せようとしてあえて古式の短甲を表現したと考えられたが、[74]これも被葬者の生前の情景を表現しようとしたがための結果とも理解できるであろう。

このように、埴輪群像の中核である人物の一部を、近畿において采女として働く宮廷の女性あるいは舎人として宮殿を警護した男性の、被葬者の生前の姿であると想像するのは穿ちすぎの見方であろうか。

器財埴輪の種類が多い関東北部でも、帽子や鞆などの個人保有に帰する可能性が高い器財は、各々の分布が偏在する傾向を見せている。これも、被葬者の生前生活の一端を示している傾向かと理解できよう。分布の偏在ということでは、千葉県殿塚古墳・姫塚古墳に代表される鬚（顎ひげ）を表現した男性像も関東の東半部に限られており、[75・76]関東でも画一的でない人物像の有りざまを知ることができる。同じ埴輪製作工人集団の作る人物像に作風が類似する結果の出るのはもちろんであるが、それらの珍しい身体的特徴を表現した人物像が多数あることに、これもまた、生前生活が反映された結果を見るべきであろう。

関東においては古墳の墳丘形態と規模に対応して人物埴輪の数や高さが左右される状況があり、そこに階層性を認めるとした日高慎もまた生前生活表現説による解釈を支持している。[77]

人物埴輪群像に水野正好が述べたような政治に近いものが表示されていることが多いとできる点では、生前生活表現説でも首長権継承儀礼説と同じである。しかし、生前生活表現説では、埴輪で表現された情景が特定地位にあった首長に関するものだけでなく、また、被葬者が人生の最高位に就いた一点に限られるものでもないとできる点に首長権継承儀礼説との相異がある。生前生活表現説で言う生前の業績とは、例えば被葬者が支配の頂点に立った時のような栄光あることだけでなく、たとえ支配された時のものであってもそれが記念すべきことであれば残され得たものを含んでいる。しかし、人間の心情としては悲惨な情景よりも成功した情景を示し残そうとしたと考えておくのが適切であろう。

このように、人物埴輪群像には古墳被葬者の生前生活が表現されているとして考えていくならば、そこでの中核となる人物群を推定していかねばならない。その作業は容易でないが実行できるのであれば、各古墳被葬者の性格や生前の活動を想定するにも参考となるであろう。

白石太一郎が、装飾古墳の石室壁画に見られる三角文は直弧文の系統が変化したものであるから三角文にも辟邪の意味があったとした(78)ことを参考にして、人物埴輪にもよく見られる三角文を検討しておくのも一つの方法であろう。また、綿貫観音山古墳の群像中で中核となる男女の像では上衣に三角文があり、他の人物像には見られないようである。また、保渡田Ⅳ遺跡でも玉纏大刀を腰にして胡座する男性像の胸には三角文の赤彩がある。家形埴輪にも樹立した状態で見える側にしか三角文を描いていないものもある。これらは、死者となった人物や関係した建物を三角文で表示して、まだ生存していたかもしれない他の人物達と区別したとも考えられるが、他の多くの古墳の群像でもそのように見られるわけではないので、厳密な使用法であったとはいえない。中核となる人物群の推定には、古墳の墳丘形態や規模はもちろんのこと、埋葬施設に副葬された品のうち被葬者の所有物であったと想定できる文物をも総合して判断すべきであろう。

(二)　埴輪が樹立された場面

生前生活表現説を除いた他説の、死者を悼む儀式やその後の継承者の就任式を埴輪に表現したとする説では人物埴輪群像は葬送儀礼において使用される場面がなかったと考えねばならない。それらの説によれば、死者の最終の場である古墳に樹立された人物埴輪群像は、まさに記念碑として見られるしかなかったことになるからである。人物埴輪群像は葬送儀礼においてまったく効果を発揮しなかったのであろうか。しかし、生前生活表現説では葬送儀礼中の埋葬前の儀式に人物埴輪群像が有効となる場面を想定することができる。

さて、『日本書紀』には、敏達天皇の死に際して埋葬前の儀式である「殯」の期間中に「誄」を奏上する記事が見られる。蘇我馬子と物部守屋の対立を象徴的に記した情景であり、「如中獵箭之雀鳥」と表現されたのは、蘇我馬子の姿が長い大刀を佩き、かつ、ひざまづいていたからであるとする。[79] これをもって、ひざまづく男を誄する姿であると想定する説もあるが、ひざまづくことは誄だけに行れたと断定できないのはいうまでもない。しかし、その殯を行い、誄を奏上した場所は敏達天皇を葬るべき古墳でなく殯宮であった。殯宮は大和の広瀬に起てられ、敏達天皇は河内の磯長に葬られたのであり、殯儀礼を行う地と埋葬地は離れたことが知られる。古墳時代前期の首長権継承儀礼が前方後円墳で実施されたと言われているのとはまったく異なってしまったのである。この殯の地は、その前の欽明天皇の場合でも大和・桧隈の埋葬地とは離れた河内の古市に設けられていた。いま、欽明天皇の墳墓を見瀬丸山古墳に求める見解[80]にしたがえば、そこに埴輪が見られず、殯の地と埋葬地が隔たるつまり葬送の主要儀礼を行う場が古墳から分離されたらしい時期に、近畿では大王墓を頂点とする古墳に人物埴輪を樹立する風習が衰退を迎えているのである。そして次には、大王墓も前方後円墳でなくなってしまう。殯宮をつかさどった土師氏が、推古朝頃から皇室の喪葬に奉仕する職掌を離れて外交・軍事方面に進出していったとされる[81]のも、こういう事情が存在したためではなかろうか。

ところで、欽明天皇の崩御に関する記事で初めて殯の地が明記されるが、これをそれ以前の在り方とは異なった事態が生じた結果であるとみることが許されるのであれば、そこに葬送儀礼を行う主要な場所の変換があったと考えることもできよう。私は、その変換前の段階の葬送儀礼において人物埴輪を用いることがあったと考えたいのである。そして、人物埴輪群像がそこでもっとも効果を発揮する場面とは、殯の中の最終的儀式である誄に相当する行為を行う場面であったと想定する。敏達天皇への誄は殯宮で奏上され、そしておそらく欽明天皇への誄も殯の場で奏上されたのであろう。しかし、その前の段階では、首長権継承儀礼を古墳で実施したとされる古墳時代前期の伝統を残して、死の世界へ旅立ち先祖の仲間に加わる死者のためにその系譜や功績を述べる最後の行事として誄が古墳で奏上されたのでないかと考える。人物埴輪群像はその死者の功績を参列者に対しても視覚的に強調するための効果的な素材となったはずである。

和田萃は、殯は大規模な渡来人移住により日本列島にもたらされた大陸の礼が日本風に儀礼化したものであり、誄は殯の儀礼とともに日本列島に導入され天皇・皇后などの殯に行われたとする。(82)記録上は、敏達天皇の殯宮でなされたというのが誄の初見記事であり、和風諡号を参考にすれば安閑朝末から実施していたと推定している。しかし、大陸の殯が我が国固有の殯に影響を与え、また和風諡号献呈が行われるようになったのは、雄略朝における大規模な渡来人移住によるところが大であったと和田が述べる点を拡大すれば、誄の儀礼もまた雄略朝に遡る可能性があるのではないかと推測される。この雄略朝の時期こそ、まさに人物埴輪群の樹立が日本列島各地に拡散していく時期でもあった。その誄の内容については、『日本書紀』推古二十年二月条に堅塩媛の改葬に際して蘇我氏が氏姓の本つまり系譜を読み上げたという行為がある。天皇・皇后などの誄儀礼の最後には皇統譜といえる日嗣が読まれたといい、日嗣は天皇位に即くまでの次第や天皇の系譜・治績の内容などを指すという。(83)誄において重要なのが皇統譜に新しく加わるべき人物の日嗣であったことはいうまでもなかろう。地方首長の葬送儀礼においても、誄に類するものの奏上で述べられるその日嗣に相当する内容こそ、まさに埴輪に表現された情景であり、被葬者の生前の業績であったとする考えも成立つのである。

『宋書』「倭国伝」の倭王武の上表文に、昔より祖禰躬ら甲冑をつらぬき山川を跋渉して寧処に遑あらずとあることをみれば、倭王武の頃つまり雄略朝には祖先の業績を語り伝えた事実があったと知るのである。同じ時期に出現した初期の人物埴輪群の樹立が墳丘の中心部になく周濠外の堤に位置することも、埋葬に先立つ最終的な葬送儀礼の一つに日嗣に類する生前業績の奏上があり、それが奥津城である古墳へ埋葬のために入って行く前の儀礼に伴うものであったと考えれば問題がない。人物埴輪群像は古墳近くで誄に相当する死者の功績が奏上される場面において、被葬者の生前業績を立体的に表現した視覚的効果を伴うものとして使用されたと考えられるのである。

（三）古墳に残すことの意味

このようにして人物埴輪群像が古墳に樹立されそして埋葬終了後も古墳の場に残ることも、故人の過去の業績を偲ばせる意味を持つから、差し障りがあるものではなかったであろう。それゆえ人物埴輪群に顕彰碑としての意味を持たせることができるのであるが、それはあくまでも結果であって当初の目的ではなかったかもしれない。あるいは、人物埴輪群像を葬送儀礼に使用することと古墳に残すことの両者を兼ねさせる志向が存在したのかもしれない。また、そこには、春成秀爾が説くように死者が死の世界でも生前と同じ生活が営めることを望んで(84)、現世に残る者が奉仕することの代償としたい願いも合わせ含まれていたかもしれない。しかし、人物埴輪群像製作の意図が死者の死後も生前と同じ生活を送れるようにという願望だけにあったとするには、若干の疑念がある。人物埴輪群の樹立されない前方後円墳があり、円墳にも人物埴輪群の樹立があるので、人物埴輪群は亡き首長に永遠の奉仕を誓う姿の形象化であったとは均質的に理解できないからである。また、亡き首長と考えてよい姿があり特別な姿態を表現する人物埴輪があることの説明が、死の世界への奉仕誓約説では積極的になし難いのではないかと感じる。人物埴輪群像を樹立した古墳には、それを樹立することによってたとえ首長でなくともその死者を追悼し讃えねばならない理由が存在したと考えるのである。

三　関東の特性と人物埴輪群像の盛行

近畿で殯の地と埋葬地が離れる変換があって埴輪樹立の風習も衰退する頃、関東ではまだ人物埴輪を樹立することが盛んであった。その現象は、近畿において衰退を迎える前方後円墳の造営が関東ではまだ盛行していたことと似ている。関東での前方後円墳造営が他地方を凌ぐほどに活発であった要因を詳しく検討することは本稿でなし難いが、伝統的な前方後円墳造営を存続させた背景には古い葬送観念の固持とその意識を支持する組織体制が関東に残存し、それが人物埴輪群像の樹立をも促進したことは想定してよいと思う。関東で他の地方よりも前方後円墳造営が増加する時期に、対応して人物埴輪の樹立も他の地方を圧倒して盛行したという現象がその関連性を示唆していよう。関東においても、残された一族が死者の生前活動を最後に讃える「誄」に類する行為に際して視覚的にも効果をもつ人物埴輪を必要としたのであり、旧態依然としてその行為を埋葬の場である古墳の前で実施していたと考えられる。しかし、殯の場と埋葬地を分離した近畿の新しい葬送儀礼を関東でも採用する時から、「誄」に類する行為も古墳で実施されなくなって急速に埴輪を必要としなくなったのであろう。前方後円墳もまもなく築造されなくなり、方墳などへ転換してしまうのである。

白石太一郎が、六世紀代の関東には近畿の首長墓に匹敵する規模の前方後円墳が異常に多く、それらの前方後円墳を地方首長墓とみるだけでは関東で想定できる地方首長の数と合わないとした指摘[85]は重要である。

埼玉県埼玉稲荷山古墳[86]の礫槨に副葬された有銘鉄剣は、礫槨の被葬者が「杖刀人」として近畿へ出仕したことを示していると私も考えている。[87]一方、東国の豪族やその子弟が都へ出仕する「舎人」の制があり、その制などの存在は東国勢力が長期間にわたり大和政権の軍事基盤の一つとなったことと関連があると文献史学では指摘されている。[88]埼玉稲荷山古墳の外堤の一画に樹立されていた人物群像中の武人や、茨城県舟塚古墳[89]の武人など、関東の初期人物埴輪に武人像が存在するのは、そうした事情を反映していると考えることもできよう。

人物埴輪像が関東に出現して盛行し始めるのは雄略朝からであったと考えられるが、日本列島にて人物埴輪が出現する頃の前段階である五世紀初頭の朝鮮半島において、高句麗・徳興里古墳[90]の横穴式石室には多くの人物を含む壁画と文字が残された。この古墳の前室では他地方から来た客を含む人物群像の中に生前の活動を物語る情景として、後室では宮廷生活の中心人物として被葬者が大きく表現されている。埴輪とは表現法こそ異なるものの、四〇八年には古墳被葬者の生前の業績を視覚的に示そうとする行為が存在したのである。徳興里古墳の被葬者である「鎮」は、一つの地域を支配する「幽州刺史」となり、一方で、晩年には高句麗の宮中の高官である「中裏都督」の官職に就いた。つまり、地方首長と中央官職を一人の人物が兼ね備えていたことを壁画でそして文字で残している。

倭国においても同様に、関東の豪族が地方首長として地域を支配する一方で、近畿を中心とした政権の構成員としての姿を兼ね備えていた。とくに六世紀には、地方豪族本人に限らずその子弟が舎人として、あるいはおそらく子女も采女として、近畿で奉仕することが多くなったと考えられる。彼らもまた地方の支配層を構成する一員である一方で、中央での機構の構成員である二面性を保持していたであろう。その二面性こそ、小型であっても前方後円形の古墳を多く造営させる要因でなかったかと思われる。より多くの負担をもって近畿の政権を支えたという自負がたとえ小型であっても数多くの前方後円墳を築造した関東の特性となって現れたと見たいのである。人物埴輪群像で表現される被葬者の生前業績の情景にはそれらを物語るものが多く存在すると考える。

五世紀の対外交渉と大陸からの人の渡来によって倭国に導入された殯の儀礼が、早くも雄略朝には倭風に変質していたと思われるその時期に、人物埴輪が倭国で登場したのはその変質とけっして無関係でなかったであろう。六世紀に入って関東に流行の中心を移し存続した人物埴輪群が示す情景とは、被葬者の後を継いだ新首長の権威継承儀式を表現したものでもなく、被葬者のためにする誄を表現したものでもなく、被葬者の生前活動のうちもっとも顕彰すべき業績を表現したものであったと考えられる。その中には近畿で奉仕し活躍した情景を表現することも少なくなかったであろう。そして、樹立したその人物埴輪群像を有効に用いた場面は、まさに死の世界へ旅立つ被葬者に対してその功績を讃える「誄」を最後に奏上する場であったと想定する。さらに、その人物埴輪群像が古墳に残ることは死者の業績を後世に視覚的に残す意味もあったし、残った生者が死の世界に住む死者に引き続いて奉仕する意志の代用表示ともなったのであろう。この理解は、人物埴輪が殉死の代用に始まったとする伝承を『日本書紀』の編者が容認した時点の認識とつながるところがあるかもしれない。
少なくとも人物埴輪に関する限り、埴輪祭式あるいは埴輪祭祀の語を用いるとすれば、当時は埴輪に表現された祭式だけではなく埴輪を用いる祭式にも重きが置かれていたのであろう。

註

(1) 近藤義郎・春成秀爾「埴輪の起源」『考古学研究』第13巻第3号　一九六八
(2) 濱田青陵「佛教以前の日本美術（承前）」『國華』第206号　一九〇七
(3) 高橋健自「支那発掘土偶及其埴輪との関係」『考古学雑誌』第1巻第11号　一九一一
(4) 喜田貞吉「埴輪考」『民族と歴史』第5巻第5号　一九二一
(5) 濱田青陵「支那の土偶と日本の埴輪」『藝文』第2年第1号　一九一一
(6) 前註4　喜田貞吉「埴輪考」
(7) 春成秀爾「埴輪」『考古資料の見方〈遺物編〉』一九八三
(8) 平野進一「埴輪群像は語る」『はにわ—秘められた古代の祭祀—』一九九三
(9) 後藤守一「埴輪より見た上古時代の葬禮」『日本古代文化研究』一九四二（再録）
後藤守一「埴輪の意義」『日本古代文化研究』一九四二
(10) 滝口　宏『はにわ』一九六三
(11) 市毛　勲「人物埴輪における隊と列の形成」『古代探叢Ⅱ』一九八五
(12) 和歌森太郎「大化前代の喪葬制について」『古墳とその時代（二）』一九五八
(13) 大場磐雄「葬制の変遷」『古代の日本　第2巻　風土と生活』一九七一
(14) 増田精一『埴輪の古代史』一九七六
(15) 亀井正道「祈りの継承　埴輪」『日本陶磁全集3　土偶　埴輪』一九七七

(16) 若松良一「再生の祈りと人物埴輪―埴輪群像は殯を再現している―」『東アジアの古代文化』72号　一九九二
(17) 石野博信「総論」『古墳時代の研究　古墳Ⅲ　埴輪』　一九九二
(18) 水野正好「埴輪芸能論」『古代の日本　第2巻　風土と生活』　一九七一
水野正好「埴輪体系の把握」『古代史発掘7　埴輪と石の造形』　一九七四
水野正好「埴輪の世界」『日本原始美術大系3　土偶埴輪』　一九七七
(19) 橋本博文「埴輪祭式論―人物埴輪出現後の埴輪配列をめぐって―」『塚廻り古墳群』　一九八〇
(20) 須藤　宏「人物埴輪のもつ意味―群馬県井手二子山古墳別区出土の形象埴輪からの検討―」『古代学研究』第126号　一九九一
(21) 猪熊兼勝『埴輪　日本の原始美術　6』　一九七九
(22) 杉山晋作「古代東国のはにわ群像」『歴博』第16号　一九八六
杉山晋作「人物埴輪の背景」『古代史復元』第7巻　一九九一
(23) 梅沢重昭「綿貫観音山古墳の埴輪祭式」『討論　群馬・埼玉の埴輪』　一九八七
(24) 白石太一郎『日本のあけぼの　5　古墳の造られた時代』　一九八九
(25) 和田　萃「古代の喪葬儀礼と埴輪群像」『はにわ―秘められた古代の祭祀―』　一九九三
(26) 前註7　春成秀爾「埴輪」
(27) 前註9　後藤守一「埴輪より見た上古時代の葬禮」「埴輪の意義」
(28) 前註10　滝口　宏『はにわ』
(29) 前註16　若松良一「再生の祈りと人物埴輪―埴輪群像は殯を再現している―」
(30) 前註12　和歌森太郎「大化前代の喪葬制について」
(31) 前註13　大場磐雄「葬制の変遷」
(32) 前註14　増田精一『埴輪の古代史』
(33) 前註10　滝口　宏『はにわ』
(34) 前註15　亀井正道「祈りの継承　埴輪」

(35) 前註16　若松良一「再生の祈りと人物埴輪―埴輪群像は殯を再現している―」
(36) 和田　萃「殯の基礎的考察」『論集　終末期古墳』一九七三
(37) 前註7　春成秀爾「埴輪」
(38) 前註18　水野正好「埴輪体系の把握」
(39) 前註18　水野正好「埴輪の世界」
(40) 福島武雄『群馬県史蹟名勝天然紀念物調査報告第2輯　八幡塚古墳』一九三二
(41) 前註19　橋本博文「埴輪祭式論―人物埴輪出現後の埴輪配列をめぐって―」
(42) 橋本博文「古墳時代後期の政治と宗教―人物・動物埴輪にみる政治と宗教―」『日本考古学協会一九九二年度大会研究発表要旨』一九九二
(43) 梅沢重昭ほか『群馬のはにわ』群馬県立歴史博物館　一九七九
その後に刊行された報告書では、耳環は二個一対以上が副葬されていたとされる。
(44) 杉山晋作「観音山古墳」(国立歴史民俗博物館解説シート『前方後円墳の時代』)　一九八三
(45) 前註22　杉山晋作「古代東国のはにわ群像」
(46) 前註22　杉山晋作「人物埴輪の背景」
(47) 前註23　梅沢重昭「綿貫観音山古墳の埴輪祭式」
(48) 梅沢重昭「観音山古墳の発掘調査」『藤ノ木古墳と東国の古墳文化』一九九〇
(49) 前註25　和田　萃「古代の喪葬儀礼と埴輪群像」
(50) 平野進一「群馬県高崎市綿貫観音山古墳の被葬者像―埴輪人物に被葬者は造型されたか―」『考古学ジャーナル』No. 357　一九九三
(51) 前註42　橋本博文「古墳時代後期の政治と宗教―人物・動物埴輪にみる政治と宗教―」
(52) 橋本博文「人物埴輪にみる装身具」『考古学ジャーナル』No. 357　一九九三
(53) 若松良一「埴輪と冠帽」『考古学ジャーナル』No. 357　一九九三

（54）橋本博文「埴輪の語るもの」『はにわ―秘められた古代の祭祀―』　一九九三
（55）石塚久則・橋本博文『塚廻り古墳群』　一九八〇
（56）川西宏幸・辻村純代「古墳時代の巫女」『博古研究』第2号　一九九一
（57）後藤守一「所謂袈裟衣着用埴輪について」『考古学論叢』第3輯　一九三六
（58）磯貝正義「采女制度の一研究」『史学雑誌』第67巻第6号　一九五八
（59）門脇禎二『中公新書73　采女』　一九六五
（60）前註56　川西宏幸・辻村純代「古墳時代の巫女」
（61）前註56　川西宏幸・辻村純代「古墳時代の巫女」
（62）杉山晋作「内裏塚古墳付近出土の人物埴輪」『埴輪研究会誌』第1号　一九九五
（63）前註18　水野正好「埴輪芸能論」
（64）若狭　徹「群馬県の人物埴輪受容期をめぐる二、三の考察」『考古学ジャーナル』No. 357　一九九三
（65）若狭　徹他『保渡田Ⅳ遺跡』　一九九〇
（66）前註23　梅沢重昭「綿貫観音山古墳の埴輪祭式」
（67）前註50　平野進一「群馬県高崎市綿貫観音山古墳の被葬者像―埴輪人物に被葬者は造型されたか―」
（68）東京国立博物館「金冠塚古墳出土品」『東京国立博物館図版目録・古墳遺物篇（関東Ⅱ）』　一九八三
（69）太田博之『酒巻古墳群　行田市文化財調査報告書第20集』　一九八八
（70）斎藤国夫「埼玉県行田市酒巻14号墳の埴輪配列について」『古代』第87号　一九八九
（71）若松良一「埼玉将軍山古墳出土の馬冑」『埼玉県立さきたま資料館調査研究報告』第4号　一九九一
（72）井上裕一「馬形埴輪の研究―画期の設定―」『古代探叢Ⅱ』　一九九五
（73）若松良一「形象埴輪群の配置復元について」『埼玉古墳群発掘調査報告書4　瓦塚古墳』　一九八六
（74）若松良一・日高慎「形象埴輪の配置と復元される葬送儀礼（下）」『埼玉県立さきたま資料館調査研究報告』第7号　一九

(75) 杉山晋作「人物埴輪頭部における装身表現」『季刊　考古学』5　一九八三
(76) 日高　慎「人物埴輪の共通表現とその背景」『筑波大学　先史学・考古学研究』第6号　一九九五
(77) 日高　慎「埴輪祭祀の階層性について」『同志社大学考古学シリーズⅣ　考古学と信仰』一九九四
(78) 白石太一郎「装飾古墳へのいざない」『装飾古墳の世界』一九九三
(79) 前註36　和田　萃「殯の基礎的考察」
(80) 増田一裕「見瀬丸山古墳の被葬者—檜隈・身狭地域所在の大王墓級古墳を中心として—」『古代学研究』第124号・第125号　一九九一
(81) 前註36　和田　萃「殯の基礎的考察」
(82) 前註36　和田　萃「殯の基礎的考察」
(83) 前註36　和田　萃「殯の基礎的考察」
(84) 前註7　春成秀爾「埴輪」
(85) 白石太一郎「関東の後期大型前方後円墳」『国立歴史民俗博物館研究報告』第44集　一九九二
(86) 柳田敏司他『稲荷山古墳』一九八〇
(87) 杉山晋作「有銘鉄剣にみる東国豪族と大和王権」『新版　古代の日本　関東』一九九二
(88) 井上光貞「大和国家の軍事的基礎」『日本古代史の諸問題』一九四九
(89) 大塚初重・小林三郎「茨城県・舟塚古墳Ⅱ」『考古学集刊』第4巻第4号　一九七一
(90) 朱栄憲ほか（高寛敏　訳）『徳興里高句麗壁画古墳』講談社　一九八五

あとがき

古墳時代後期の関東地域は、全国でも圧倒的な数の前方後円墳を造営し、かつ、人物像・動物像などを中心とした埴輪の樹立をもっとも流行させた特性をもっていた。それらを生じさせた背景を探る一つの視点はやはり埴輪であるとして、過去に述べた見解をまとめ、現在抱いている埴輪に関する課題を呈示した。

とりまとめの契機であった千葉県山武郡・姫塚古墳の形象埴輪群復元作業は現在もなお継続しており、課題も解決できないままで今後に残した諸点が多い。関東の埴輪再考の出発点としてまず旧稿の再録を心がけたので、課題は今後一つずつ取り組んでいくことにしたい。

なお、字句を多少修正して再録した旧稿は、次のとおりである。

第一章第一節「人物埴輪の型式」は、「房総の埴輪—九十九里地域における人物埴輪の二相—」『古代』第59・60合併号　一九七六

第二章第一節「特殊な馬埴輪と横坐り乗馬」は、「古墳時代の横坐り乗馬」『古代』第103号　一九九七（井上裕一・日高慎両氏との共著。共著者執筆部分は大半省略）

第五章第二節「人物埴輪樹立古墳の階層」は、「人物埴輪を供された被葬者層」『古代』第100号　一九九五

第六章「人物埴輪樹立の意味」は、「東国の人物埴輪群像と死者儀礼」『国立歴史民俗博物館研究報告』第68集　一九九六

本書をまとめるにあたって、故滝口宏先生からは千葉県・姫塚古墳出土形象埴輪群像の再報告を指示され、故大川清先生には種々のご教示をいただいた。埴輪再整理の開始では、早稲田大学菊池徹夫氏・岡内三眞氏・市毛勲氏の、

また、芝山はにわ博物館浜名徳永氏・浜名徳順氏のご理解とご高配をいただき、整理作業や旧稿作成で、日高慎氏・井上裕一氏・山田俊輔氏ほか諸氏にご援助いただいた。さらに、日頃から埴輪研究などで行動を共にしている車崎正彦氏・志村哲氏・山崎武氏・若狭徹氏・若松良一氏ほか諸氏には常にご教示いただいてきた。鴨志田篤二氏・塚本宇兵氏には長期にわたる資料観察にご高配いただいた。とくに本書のとりまとめには中條英樹氏に多大のご支援を受けた。他にも氏名を挙げきれないほど多くの方々にご教示やご援助をいただいた。ここに記して、深く感謝し、厚く御礼を申し上げておきたい。

筆者紹介
杉山晋作（すぎやま　しんさく）
大阪府生まれ。
早稲田大学第一文学部卒業。
大学共同利用機関法人人間文化研究機構国立歴史民俗博物館研究部教授。
総合研究大学院大学教授。
東北関東前方後円墳研究会代表幹事・埴輪研究会会長など。
東国の古墳時代社会や埴輪さらに古代の鍍金技術や古代人の指紋に関心をもつ。

東国の埴輪と古墳時代後期の社会

2006年9月20日　初版発行

著　者　杉山　晋作

発行者　八木　環一

発行所　有限会社　六一書房

〒101-0064　東京都千代田区猿楽町1-7-1　高橋ビル1階
TEL　03-5281-6161　FAX　03-5281-6160
http://www.book61.co.jp　E-mail　info@book61.co.jp
振替　00160-7-35346

印　刷　株式会社　三陽社

ISBN 4-947743-40-9　C3021　Printed in Japan